고대 중근동의 팬데믹

문명의 어두운 동반자

일러두기

이 책은 다음과 같이 표기한다.

1. 외래어는 외래어표기법에 따랐으나 인명, 지명 등의 독음은 원어 발음을 존중해 그에 따르고, 관용적인 표기와 동떨어진 경우 절충하여 실용적인 표기로 하였다.

2. 고대 문헌의 경우 고대 이집트어 음역과 고대 바빌로니아어를 병기하였다.

3. 단행본·전집 등은 겹낫표(『 』), 논문·단편 등은 홑낫표(「 」), 그 외 TV 프로그램, 예술 작품 등의 제목은 홑화살괄호(〈 〉)로 표시하였다.

고대 중근동의 팬데믹

문명의 어두운 동반자

유성환 지음

씨아이알

들어가며

2019년 12월 중국 우한武漢에서 고열과 기침을 동반한 최초의 폐렴 환자가 발생했다. 이후 폐렴의 원인으로 지목된 신종 바이러스는 코로나19라는 이름을 얻은 뒤 빠른 속도로 확산되었으며 급기야 세계적인 범유행, 즉 팬데믹을 유발했다. 인류를 새로운 바이러스 공포로 몰아넣은 코로나19는 이후 2년간 전 세계의 공공보건 및 의료체계를 강타했으며 정치 · 사회 · 경제 · 복지 분야에 잠복해 있던 다양한 문제를 노정露呈했다. 2020년 1월 중국 우한에서 입국한 35세 여성으로부터 한국 최초의 코로나19 감염사례가 확인된 이후 2023년 9월 3일 오전 9시를 기준으로 한국의 코로나19 누적 확진자는 34,436,586명, 사망자는 35,812명에 달하며 전 세계적으로는 누적 확진자는 690,240,112명, 사망자는 6,906,402명을 각각 기록했다.[1]

코로나19 팬데믹은 비대면 · 사회적 거리 두기 · 재택근무 · 언택트 채용 · 온라인 수업 · 코로나 블루 등과 같은 다양한 신조어를 만들어내며 현대문명 전반에 걸쳐 미증유의 영향력을 행사하고 있다. 팬데믹의 전 지구적 영향력은 인류역사의 대전환을 가져올 비가역적 변화들을 유발 ·

고대 중근동의 팬데믹_문명의 어두운 동반자

촉진할 것으로 예상되는데 특히 앞으로 포스트-코로나 시대에는 기후변화·제4차 산업혁명과 함께 '탈현대'의 새로운 패러다임이 출현할 것이다. 요컨대 인류문명은 지금 중대한 기로에 처해 있다.

앞으로 우리는 현재의 위기를 극복하고 또 다른 비약적인 발전을 성취하거나 아니면 멸종에 버금가는 종種 수준의 전반적인 쇠퇴에 직면하게 될 것이다. 이와 같은 불확실성의 시대에 필요한 것이 바로 역사적 선례에서 행동의 방향과 지침, 그리고 사태를 해결해나갈 수 있는 지혜를 발견하는 것이다. "역사는 과거의 거울이며 현재의 교훈이다"라는 페르시아의 격언처럼 과거에 발생한 감염병의 다양한 사례를 검토·연구하고 이들을 나침반 삼아 미래를 구상하는 지혜가 필요한 때이다.

이 책에서 다룰 고대 이집트와 서아시아의 팬데믹 사례가 '오래된 미래'로 불리는 과거에서 지혜를 구하고자 하는 전 지국적인 노력에 작은 기여를 할 수 있게 되기를 희망한다.

들어가며

차 례

제1장

감염병에 대한 배경정보

제1장

감염병에 대한 배경정보

감염병感染病, infectious disease 은 바이러스 · 세균細菌, bacteria · 진균眞菌 · 기생충 등과 같은 다양한 미생물 병원체病原體, pathogen 가 인체에 침입하여 발병하는 질환으로 전염성 질환과 비非전염성 질환, 즉 병원체에 접촉되어 발병은 되지만 다른 사람들에게 전염시키지는 않는 질환을 포괄한다. 전염병傳染病, contagious disease 은 병원체에 감염된 사람으로부터 여러 매개체를 통해 직간접적으로 다른 사람들에게 전파되는 질병을 말한다. 감염병과 전염병 사이의 의미 차이가 엄밀하게 규정되지는 않았지만 이 둘은 미묘한 차이를 보인다. 요컨대 감염병이 사람과 병원체 간의 관계에 초점을 맞춘다면 전염병은 사람과 사람 사이의 전파에 초점을 맞춘다고 할 수 있다.[1] 그러나 감염이 되면 대개 인체 면역체계의 반응 등에 따라 증상이 나타나고 다른 사람으로의 전염이 일어나게 된다.

한편 유행병流行病, epidemic 은 특정 지역에서 급격하게 확산되어 일정 규모 혹은 기준치 이상으로 확산되는 질병을 의미한다.[2] 이처럼 전염병이 한 지역 안에서 유행하면 유행병이라고 부르지만 특정 지역, 즉 국가 혹은 대륙을 넘어 전 지구적으로 퍼지는 경우 이를 유행병의 범유행汎流

고대 중근동의 팬데믹_문명의 어두운 동반자

行, pandemic 이라고 한다.[3] 아울러 외부로부터 유입되지 않은 감염병이 특정 지역에서 일정 수준으로 꾸준히 발병할 때, 다시 말해 소멸하지도 않고 기하급수적으로 확산되지도 않으면서 일정하게 지속적으로 발생하는 경우 이와 같은 질병을 풍토병風土病, endemic 이라고 한다.[4]

역학적 관점에서 볼 때, 감염이 전무한 개체군에서 감염자가 최초로 발생했을 때 그 첫 감염자가 평균적으로 감염시킬 수 있는 2차 감염자의 수인 기초감염재생산지수basic reproductive ratio: R0 의 값이 1인 경우, 요컨대 1명의 감염자가 평균 1명을 감염시킬 경우, 해당 감염병을 풍토병으로 정의한다. 이와 같은 개념정의에 따라 고대 이집트 및 서아시아의 감염병 발병·확산 상황 및 세계사적 의미를 살펴보자.

미생물 병원체의 종류·특성 및 감염 유형

앞서 살펴본 것처럼, 감염병을 유발하는 병원체는 대부분 육안으로 관찰할 수 없는 미생물들로서 바이러스·세균·진균·원생동물原生動物, protozoa은 미소微小 기생동물micro-parasite 로, 연충蠕蟲, helminth·촌충寸蟲, tapeworm 등은 거대 기생동물macro-parasite 로 각각 구분된다. 이 중 감염병을 유발하는 주요 미생물 병원체, 특히 동물에서 인간으로 전이되어 질병을 유발할 수 있는 병원체로는 바이러스·세균·원생동물 등을 들 수 있다. 평균 직경이 100nm에 불과한 바이러스는 다른 미생물과는 달리 세포막이 없고 DNA·RNA 등과 같은 유전물질과 지질脂質 단백질 껍질만으로 이루어져 있기 때문에 물질대사를 할 수 없는 비非세포성 미생물로 분류된다. 그 단순한 구조 때문에 바이러스는 반드시 살아 있는 세포로 침입해야만 복제 가능한 상태가 된다. 또한 RNA로만 이루어진 바이러스는 구조가 불안정하기 때문이 끊임없이 돌연변이를 일으키며 자신의 유전물질을 다른 세포 속으로 주입시킨다.[5] 세균은 핵막이 없는 단세포 생물로서 원핵생물原核生物, prokaryote 로 분류되며 대개 이분법 혹은 분열법 fission 을 통한 무성생식을 통해 번식한다.[6]

원생동물은 핵과 다양한 세포기관을 가진 하나의 세포가 하나의 개체인 진핵생물眞核生物, eukaryote 로서 이분법 · 출아법出芽法, budding 등과 같은 무성생식, 혹은 교미 · 접합을 통한 유성생식을 통해 번식할 수 있다. 원생동물은 약 20억 년 전 세균으로부터 분리된 것으로 추정되며 단세포 유기체로서 바이러스와 세균에 비해 훨씬 복잡한 구조를 하고 있다.

이들 바이러스 · 세균 · 원생동물은 새로운 생명체가 출현할 때마다 새로운 생명체의 조직 내로 침입하여 이들 '숙주'를 생존과 번식을 위한 서식지로 삼았다.[7] 이 과정에서 숙주의 면역체계는 체내로 침입한 미생물들에 대하여 다양한 조치를 취하게 되는데, 이때 미생물 = 병원체와 숙주의 면역체계 간의 작용과 반작용에 의해 다양한 유형과 정도의 반응, 즉 질병이 발생하게 된다. 미생물 병원체와 숙주가 격돌할 때 숙주의 유전자와 면역계, 그리고 미생물의 독성이 향후 발생할 결과에 핵심적인 역할을 수행한다. 우선 숙주의 유전자는 특정 미생물 병원체에 대하여 비교적 취약할 수도 있고 강력할 수도 있다. 따라서 개체 혹은 종의 유전자 조성은 감염과 질병의 발생 및 조직의 손상 여부 등에 중요한 영향을 미치며 동시에 숙주의 면역체계의 작동에 있어서도 큰 역할을 수행한다.

한편, 체내 면역체계를 활성화시키는 면역반응을 유도하는 물질을 항원抗原, antigen 이라고 하는데 일단 항원이 인식되면 림프구 · 백혈구 · 사이토카인 cytokine · 대식세포大食細胞, macrophage · 항체 등으로 구성된 복잡한 면역체계가 동원되어 항원이 제거될 때까지 공격한다. 면역체계 역시 개체 혹은 종 수준에서 특정 미생물 병원체에 대하여 비교적 약하거나 강할 수 있으며 면역체계의 질환의 발병 여부와 발병 후 증세의 경중, 그리고 이후 동일 질병에 대한 저항력 및 면역력 등에 커다란 영향력을 행사한다. 끝으로 미생물 병원체의 독성은 균주菌株, strain 에 따라 결정되는데 해당 미생물 병원체가 보유한 균주에 따라 경미한 수준에서 치명적인 수준까지 독성이 발현된다. 이와 같은 독성은 단순 발열에서 사망에 이르는 다양한 결과를 초래할 수 있다.

미생물 병원체의 입장에서는 가능한 많은 숙주의 체내로 침입하는 것이 생존과 번식에 유리한데 이를 위해 같은 종에 속한 하나의 숙주에서 다른 숙주로, 그리고 변이變異, variation 를 통해 하나의 종에서 다른 종으로 이동할 수 있는 능력을 발전시키게 되었다. 개체와 개체, 종과 종 간의 이동, 즉 개체 간 혹은 종 간 감염은 이들 미생물 병원체와 숙주의 공진화共進化, co-evolution 를 유발하여 잠복 · 기생 · 공생 · 만성/급성 질환 · 면역 · 수용(통합) 등과 같은 다양한 결과를 낳게 된다.[8] 여기서 감염병과 관련하여 가장 주의 깊게 살펴보아야 할 것이 동물과 인간 간의 미생물 병원체의 이동, 즉 동물원성動物原性 감염 혹은 인수공통人獸共通 감염zoonosis 의 경로 및 방식일 것이다. 미생물 병원체의 종간감염種間感染, spill-over 유형은 다음과 같다.[9]

- **상속감염**heirloom infection: 원시 동물에서 초기 영장류 및 호미니드로, 다시 인간으로 미생물 병원체가 전파되는 것(예: 인간 헤르페스 바이러스, A형 및 B형 간염, 말라리아)
- **직접 전파**direct transmission = transmission by direct contact: 동물이 물거나

할퀼 때의 상처 혹은 동물이 방출한 비말의 흡입 등 동물과의 직접적인 접촉을 통해 미생물 병원체가 전파되는 것(예: 공수병, 묘소병猫搔病, 한타 바이러스 심폐증후군, 탄저병)

- 간접 전파indirect transmission = vehicle transmission: 오염된 식수 혹은 음식 등을 통해 동물이 보유한 미생물 병원체가 전파되는 것(예: 광우병, O-157 병원성 대장균 감염증)
- 매개체 전파vector-borne transmission: 벼룩 · 진드기 · 파리 · 모기 등과 같은 다른 매개동물('벡터')을 통해 미생물 병원체가 동물에서 사람으로 전파되는 것(예: 라임병, 웨스트나일열熱, 흑사병)
- 인수공통 감염zoonosis: 동물에서 사람으로 반복적으로 전파된 후 인간에서 인간으로 감염될 수 있는 변이를 일으킨 미생물 병원체에 의해 전파되는 감염(예: 독감, SARS = 중증 급성 호흡기 증후군, 코로나19 = 코로나바이러스 감염증-19)
- 인간 대 인간 전파human-to-human transmission: 과거에는 동물에서 사람으로 전파되었으나 이후 변이를 통해 인간 사이에서만 전파되는 미생물 병원체에 의해 발생하는 감염(예: 홍역, AIDS = 후천성 면역결핍증, 장티푸스)

이들 종간감염 유형 중 감염병의 역사 맥락에서 가장 중요하게 고려되어야 할 유형은 매개체 전파와 인수공통 감염, 그리고 인간 대 인간 전파다.[10] 특히 신석기 시대 말기 농경 · 목축에 전적으로 의존하는 정착생활이 시작되고 소규모 취락지구가 집약적인 대규모 거주지인 도시로 발전하는 과정에서 앞서 언급한 세 유형은 역사발전에 있어 핵심적인 요인 중 하나로 부상했다.

문명의 어두운 동반자, 감염병

미생물이 숙주와 함께 진화하면서 새롭게 진화한 숙주 역시 지속적으로 감염시켰다. 따라서 영장류에서 진화한 원시 호미니드 또한 바이러스 · 세균 · 원생동물과 같은 미생물 병원체에 감염되었고 이와 같은 감염 유형은 이후 20~15만 년 전 현생인류(호모 사피엔스)에게도 고스란히 이어졌다. 이것이 바로 앞서 언급한 상속감염이다. 이와 같은 상속감염은 고립된 부족의 구성원들과 대도시의 주민들이 유사한 미생물을 공유한다는 사실을 통해 입증되고 있다. 가장 대표적인 상속감염 질병으로는 단순포진單純疱疹, herpes simplex, 간염肝炎, hepatitis, 말라리아와 황열黃熱, yellow fever 을 들 수 있는데 이 중 말라리아와 황열은 현재까지도 심각한 동물원성 감염질환으로 남아 있다.

- 단순포진: 헤르페스 바이러스의 한 종류인 단순포진 바이러스에 의해 감염되면 발병하는 질환으로 1형은 구순포진口脣疱疹, 2형은 음부포진陰部疱疹을 각각 일으킨다. 이들은 매우 흔하며 전염성도 높다.
- 간염: 알코올로 인한 간염을 제외하고, 바이러스에 의한 바이러스 감염의 경우에는 현재 A-G형까지 6가지 종류가 알려져 있다. A형 간염은 대부분 급성 간염을 유발하며 B형은 대개 만성간염으로 진행된다.
- 말라리아: 말라리아는 학질瘧疾이라고도 한다. 상속감염 질환이지만 현재는 주로 모기에 의해 확산되는 말라리아 원충原蟲, plasmodium, 즉 원인 기생충에 의해 감염 · 전파되는 전염병이다.[1] 주로 열대지방에서 발병되는데 모기에 물렸을 때 모기의 침샘에 있던 말라리아 원충이 사람의 혈액 내로 들어가 간에서 잠복하며 성장한 후 적혈구로 침

입하여 발병한다. 유전자 이상으로 적혈구의 모양이 낫 모양으로 변해 악성 빈혈을 유발하는 유전병인 겸상 적혈구 빈혈증鎌狀 赤血球 貧血症, sickle-cell anemia 환자의 경우, 낫鎌 모양의 적혈구가 오히려 말라리아 원충의 물질대사를 방해하기 때문에 말라리아에 대하여 저항성을 보인다. 이런 이점 때문에 겸상 적혈구 빈혈증은 심각한 빈혈을 유발함에도 불구하고 아프리카 지역 등에서는 오히려 축복으로 여겨지고 있다.

• **황열**: 황열은 모기에 의해 매개되는 황열 바이러스를 병원체로 하는 급성 감염질환이다. 감염자의 10~20%에서 고열·두통·복통 등과 같은 전형적인 황열 증상이 나타난다. 한편, 이들 환자 중 일부는 황달로 인해 피부가 노랗게 변하게 되는데 이 때문에 황열이라는 이름을 얻게 되었다.

지금으로부터 약 258만 년에서 12,000년 전까지 지속된 홍적세洪積世, Diluvian Epoch 후기 인류는 소수의 군락을 이루어 수렵·채집 생활을 시작했으며[12] 인지능력과 박물적·사회적 지능의 발달과 이들을 융합할 수 있는 유동적 지성의 출현, 그리고 이에 따른 언어의 등장과 집단학습 및 대규모 협력에 기반한 집단생활, 도구의 발달, 그리고 매복·공조·분업을 특징으로 하는 정교한 사냥기술을 활용한 효율적인 수렵이 주를 이루면서 필요 단백질의 약 1/4을 코끼리·들소·곰·말·멧돼지 등과 같은 대형 포유류를 통해 섭취했던 것으로 추정된다.[13]

다양한 동물을 대상으로 한 수렵은 다량의 동물성 단백질이라는 거부할 수 없는 혜택과 함께 인수공통 감염질환이라는 치명적인 악재도 함께 제공했다. 생존활동으로서의 수렵이 본격화된 구석기 시대 인류와 접촉하기 시작한 미생물 병원체와 그에 따른 질환들은 다음과 같다.

- **기생충 감염**: 제대로 익히지 않은 야생 소 및 돼지고기를 먹기 시작하면서 인류는 거대 기생충인 촌충과 선모충旋毛蟲, trichina worm(학명: *Trichinella spiralis*) 등에 감염되었다. 이외에도 동물을 도살하고 가죽을 벗기는 과정 등을 통해서도 이들 기생충에 감염되었을 것으로 추정되는데 기생충 감염은 초기 인류의 분석糞石, coprolite, 즉 배설물 화석의 분석을 통해서도 증명된다.[14]

- **탄저병**炭疽病, anthrax: 탄저균 포자에 의해 발생하는 감염병으로 대개는 반추동물에서 발병하며 탄저균에 의해 감염된 동물에 접촉한 인간에게도 감염될 수 있다. 가죽 혹은 모피 등을 통해 감염된(이 때문에 영어에서 탄저병은 "양털 선별자의 병wool-sorter's disease"으로도 불렸다) 탄저병의 가장 일반적인 증상은 흑색 피부궤양이며 치료가 이루어지지 않을 경우 사망률은 25%이다. 반면, 호흡기를 통한 탄저균 감염은 치명적이며 사망률이 97%에 달한다.[15]

- **브루셀라증**症, brucellosis: 피부를 통해서 전파되는 경피經皮 감염 percutaneous infection 혹은 유제품 등과 같은 식품을 매개로 한 감염을 통해 발병한다. 브루셀라 병원균에 감염되면 열이 오르내리기를 반복하는데 이 때문에 파상열波狀熱이라고도 불린다. 환자에게는 고열뿐만 아니라 근육통·관절통 등이 유발되며 치료가 이루어지지 않을 경우의 사망률은 약 5%이다.

- **열**熱, query fever: 여러 동물의 포자형 병원체를 흡입하거나 감염된 동물의 젖·배설물·점액 등과 접촉할 경우 발생하며 매개동물은 진드기이다. 현대에는 주로 도살장에서 일하는 인부들에서 발견된다. 동

물에 대해서는 증상을 유발하지 않으나 사람에게는 고열 · 폐렴 · 간염 · 심근염心筋炎, myocarditis 등을 일으킬 수 있다.

약 1만 5,000년 전부터 빙하기가 물러가면서 세계 각지의 기온은 따뜻해졌고 인류 지배적인 생활양식은 시리아 · 레바논 · 요르단에 걸친 1,600km의 '비옥한 초승달 지대 Fertile Crescent'를 중심으로 수렵 · 채집에서 농경 · 목축으로 서서히 이행했다. 이 수천 년에 걸친 '농업혁명 First Agricultural Revolution'을 통해 인류는 열량이 높으면서도 저장이 용이한 밀 · 보리 · 쌀 · 수수 · 귀리 · 옥수수 등과 같은 곡물과 감자 · 고구마 · 참마 · 카사바 cassava 등과 같은 구근식물을 작물화하여 재배했으며, 같은 시기 비교적 온순하고 집단생활에 잘 적응하며 번식이 용이한 양 · 염소 · 돼지 · 소 · 말 등과 같은 동물을 가축화하여 사육하기 시작했다(표 1).

표 1 야생동물의 가축화 동향[16]

가축	조상종	가축화 지역	시기
개	늑대	서아시아	기원전 11000년경[17]
염소	베조아르 영양 bezoar ibex	서아시아	기원전 8500년경
양	아시아 무플런 Asiatic mouflon	서아시아	기원전 8000년경
돼지	야생 멧돼지	서아시아	기원전 7500년경
소	오록스 auroch	서아시아	기원전 7000년경[18]
고양이	야생 고양이	서아시아	기원전 7000년경
닭	적색야계野鷄, red jungle fowl	동남아시아	기원전 6000년경
당나귀	야생 나귀	서아시아	기원전 4000년경
말	타팬 tarpan	러시아 남부	기원전 4000년경

특히 가축화라는 인간과 동물 간의 새로운 관계는 이들 동물과 수백만 년 동안 공진화한 다양한 바이러스와 세균, 원생동물과 기생충이 이전에는 노출된 적이 전혀 없었던 인간에게 집중적으로 전파되는 결과를

낳았다.

가축화된 동물이 보유하고 있었던 미생물 병원체가 인간에게 전파될 수 있는 경로나 상황은 매우 다양하다. 우선, 양과 염소 같은 군집성 동물을 제한된(그리고 때때로 밀폐된) 공간에 가두어 기르면서 동일한 종 사이의 전파가 활발해졌고 이 과정에서 새로운 미생물 병원체 종이 출현하기도 했다. 한편, 동물과 인간 사이의 종간 감염은 개와 같은 동물이 사람을 핥거나 물 때, 혹은 사람들이 가축의 젖이나 고기를 먹을 때 직접 전염되었으며 인간과 가축이 같은 공간에서 장기간 생활하면서 공기로 전파되었다. 아울러 동물의 다른 부산물, 즉 털이나 가죽 등으로부터도 병원균의 전파가 일어났으며 가축의 분뇨를 주거지 근처에 두고 건축재 · 연료 · 비료 등으로 사용하면서 음용수의 오염 등과 함께 감염병이 확산되기도 했다. 그리고 벼룩 · 진드기 · 파리 · 모기 등과 같은 매개동물 역시 미생물 병원체 전파의 주요 요인 중 하나였다. 식물의 작물화 및 동물의 가축화 과정에서 종간 전파를 통해 인간에게 발생한 질환은 다음과 같다.

- 위궤양: 위궤양은 헬리코박터 파일로리(학명: *Helicobacter pylori*) 혹은 위나선균胃螺旋菌이라는 나선형 박테리아에 의해 유발된다. 이 박테리아는 양을 길들이는 과정에서 인간에게 전파된 것으로 추정된다.[19]
- 백일해百日咳, pertussis: 아동에서 발병하는 호흡기 전염병으로서 보르데텔라 백일해균(학명: *Bordetella pertussis*)에 의해 발병한다. 이 세균은 여러 동물을 감염시킬 수 있지만 주로 돼지를 통해 인간으로 전파된 것으로 보인다.[20] 증상은 감기와 유사하지만 수 주에 걸쳐 심한 경련성 기침이 이어지며(이 때문에 100일 가까이 이어지는 기침, 즉 '백일해'라는 병명이 붙었다) 기관지염 · 폐렴 등으로 악화될 수 있다. 기침 혹은 재채기를 통해 전

염되나 일단 한번 발병하면 평생 면역이 된다.

- **천연두**天然痘, small pox: 두창痘瘡 혹은 마마媽媽로도 불렸다. 소 혹은 염소에 의해 종간 전파가 발생한 대두창 바이러스(학명: *Variola major*) 혹은 소두창 바이러스(학명: *Variola minor*)에 감염되면 발병한다. 이 중 대두창 바이러스에 감염될 경우 고열과 발진發疹이 생기며 발진은 이후 수포가 되며 이 수포가 자연적으로 제거되기 전에 뜯어내면 피부가 얽게 되는데 이때 우묵우묵한 마맛자국이 생기면서 환자는 '곰보'가 된다. 치사율이 약 30~35%였던[21] 천연두에만 볼 수 있는 이 특유의 상처는 생존자의 65~85%에서 발견되며 이외에도 각막궤양에 의한 실명, 관절염 및 골수염으로 인한 사지 변동 등도 천연두의 후유증이라 할 수 있다. 예방법이 발견되기 전까지는 치명적인 질환으로 여겨졌으며 20세기에만 약 3억 명의 사망자를 발생시켰던 이 '죽음의 사자angel of death'는 그러나 영국의 의학자 에드워드 제너Edward Jenner(1749~1823년)에 의한 백신의 개발 등, 끊임없는 예방 및 치료 노력으로 인해 1979년에는 세계보건기구WHO: World Health Organization에 의해 박멸된 것으로 선언되었다.[22]

- **결핵**結核, TB: tuberculosis: 100종 정도가 알려진 결핵균(학명: *Mycrobacterium tuberculosis*)에 의해 감염되는 만성 전염병으로서 폐·신장·내장이나 뼈·관절·피부 등에 침투하여 수막염髓膜炎, meningitis·흉막염胸膜炎, pleurisy·복막염腹膜炎, peritonitis 등을 유발한다. 증상은 가벼운 기침·객담喀痰·발열·체중감소와 무력감·호흡곤란·연주창連珠瘡(림프샘의 결핵성 부종이 헐어서 터진 부스럼) 등이 있으며 적절한 치료가 이루어지지 않을 경우 사망률은 50~60%에 달했다. 독일의 의학자·미생물학자인 로베르트 코흐Robert Heinrich Hermann Koch(1843~1910년)

가 1882년 결핵균을 발견하고, 이후 미국의 럿거스 대학교Rutgers University에서 결핵의 1차 치료제인 스트렙토마이신Streptomycin이 분리·개발된 1943년 전까지만 해도 선홍색의 피를 토하는 객혈喀血 증상을 보이며 얼굴이 창백해진 채 죽는다고 하여 흑사병과 대비하여 '백사병白死病, White Death'이라는 이름으로 불리기도 했다.[23]

인류가 농경·목축 생활에 성공적으로 안착하면서 정주농경이 지배적인 생활방식으로 부상했다. '농업혁명'은 인류가 이제껏 경험하지 못했던 새로운 에너지, 즉 문명을 추동推動할 수 있는 잉여 생산물을 선사했다. 그 결과 인구가 증가하고 사회가 계층화되었으며 직접적인 생산활동에 종사하지 않는 사람들이 모여 사는 공간, 즉 촌락·성읍城邑·도시가 출현하게 되었다.[24] 그런데 감염병의 관점에서 본다면 인구의 증가와 이렇게 증가한 인구의 밀착생활 환경은 미생물 병원체가 빠르게 증식하고 확산하는 새로운 계기를 마련해주었다.

우선 진흙벽돌로 지어진 집들은 미생물에 치명적인 햇빛을 차단하고 신선한 공기의 유입과 순환을 막아 이들 미생물 병원체가 호흡기를 통해 자유롭게 이동할 수 있게 해주었으며 정주생활에서 불가피하게 발생하는 생활 쓰레기·음식물 쓰레기·분변 등이 거주지에서 멀리 떨어지지 않은 곳에 버려지고 쌓이면서 모기·파리·쥐 등과 같은 감염 매개생물을 유인했다. 증식과 확산을 위해 대규모 숙주집단을 필요로 하기 때문에 도시를 중심으로 하는 문명이 출현한 이후에야 그 존재감을 드러낼 수 있었던 감염질환은 다음과 같다.

- **홍역紅疫, measles**: 홍역 바이러스(학명:*Measles morbillivirus*)가 비말감염飛沫感染

을 통해 일으키는 급성 전염병으로서 감기와 비슷한 증상으로 시작하여 입안의 점막에 작은 백색 반점이 나타나고 전신에 좁쌀과 같은 붉은 발진이 돋는다. 면역성이 높아 한번 감염되거나 백신을 접종하면 다시 감염될 확률이 낮다. 이처럼 일단 감염되면 영구면역이 생기는 홍역 같은 질병이 지속적으로 존재하기 위해서는 최소 25만 명 규모의 숙주집단이 필요하며[25] 집단 전체가 감염된 후에는 면역 경험이 없는 새로운 인구집단을 주기적으로 감염시켜야 하기 때문에 대개 1~6세의 아동들에게 많이 발생한다.

- 흑사병黑死病, Black Death: 흑사병은 림프성/가래톳 흑사병 bubonic plague · 폐렴성 흑사병 pneumonic plague · 패혈성敗血性 흑사병 septicemic plague 으로 세분되는데 그 이유는 모두 페스트 세균(학명: *Yersinia pestis*)에 의해 발병하지만 발병 경로가 조금씩 다르기 때문이다.[26] 림프성 흑사병(혹은 선線페스트)은 쥐벼룩(학명: *Xenopsylla cheopsis*)이나 숙주인 설치류에 물렸을 때 감염되며 목 · 귀 · 겨드랑이 · 서혜부鼠蹊部 = 샅굴窟 부위 등에 달걀 크기의 종창腫脹이 생기는데 이때 내출혈로 생기는 피부의 흑색 반점 때문에 '흑사병'이라는 명칭이 붙었다. 폐렴성 흑사병은 환자의 기침 등에 기인하는 비말감염과 환자의 분비물 혹은 설치류의 분뇨에 접촉하여 감염되는 기도감염氣道感染을 통해 폐에 세균이 침입하면서 발생하는데 약 3~6일 간의 잠복기 이후 섭씨 40도 전후의 고열 · 기침 · 호흡곤란 · 각혈 등의 증상이 나타난다. 패혈성 흑사병은 세균이 혈류에 침입하거나 림프성 흑사병 · 폐렴성 흑사병으로 인해 패혈증이 유발되는 경우 발병한다. 발병 후 치료 등의 의료적 개입이 이루어지지 않으면 환자 중 약 70%가 통증을 호소하다 이내 의식을 잃고 사망하며 치명률과 함께 감염률도 높기 때문에 14세기 중세

고대 중근동의 팬데믹_문명의 어두운 동반자

유럽에서는 '천형天刑 scourge', 즉 '신의 징벌'로 여겨졌다.

또한 화전농업과 같이 경작에 필요한 비료 등을 토지에 제공하지 않고 수확 후 지력이 소진되면 다른 지역의 산림이나 초지를 태워 새로운 농경지를 조성하는 초기의 원시적이고 약탈적인 경작방식이나 농경기술이 정착된 이후 각지에서 진행된 개간 및 조경造景은 새로운 기생충이나 미생물 병원체와 인간 사이의 접점을 넓혔고 그 결과 새로운 질병에 보다 자주 노출되게 되었다. 아울러 농경을 위해 조성된 수로나 강 유역의 늪지대 역시 기생충의 감염 빈도를 높였다.

농경 · 목축 이후 노동에 투입해야 하는 시간의 증가, 단일 경작물로부터 제공되는 탄수화물 중심의 단순한 식단에 따른 영양소 결핍,[27] 이에 반해 급격히 낮아진 육류를 통한 단백질 및 지방의 섭취량, 과일 · 야채가 부실한 식단에 따른 비타민 · 미네랄 · 식물성 영양물질 섭취의 감소(65%에서 20% 이하로 감소) 등으로 인해 농경 · 목축에 종사하는 사람들의 평균 신장은 수렵 · 채집민에 비해 약 15cm 줄어들었고(남성이 175cm에서 160cm로, 여성이 165cm에서 152cm로 각각 감소)[28] 경작지를 조성하고 잡초를 제거하고 비료를 주는 것과 같은 지속적인 노동으로 인해 요추 추간판 탈출증腰椎 椎間板 脱出症, herniation of intervertebral disk = 디스크 탈출증 · 관절염 · 탈장脱腸, hernia 과 같은 질병이 등장했다.[29]

아울러 수렵 · 채집 인구에서는 찾아볼 수 없는 구루병佝僂病, rickets · 각기병脚氣病, beriberi · 펠라그라pellagra = 홍반병紅斑病 · 괴혈병壞血病, scurvy 등과 같은 비타민 결핍 질환과 (철 결핍) 빈혈, 감염성 골질환, (탄수화물 섭취에 따른 구강 산성화로 인해 유발되는) 충치 및 치아 에나멜 결손과 같은 영양실조에 의한 질환에 시달리기 시작했다.[30] 이처럼 불균형한 영양분 섭취에 더하여 주기적으로 발생하는 기근은 정주생활을 하는 농경·목축민의 면역력 약화를 초래했으며 그 결과 인류는 나병癩病, leprosy · 결핵 · 말라리아 등과 같은 감염성 질환에 더욱 취약해졌다.[31] 더구나 계급의 분화에 따른 지배층의 등장, 지배층이 요구하는 각종 일상품과 장신구 · 부장품을 제작하는 전문 장인계층의 출현, 그리고 진귀한 재료에 대한 이들의 수요를 충족시키기 위해 형성된 장거리 교역망은 감염질환이 확산되는 속도와 규모를 비약적으로 증대시켰다.

무엇보다 농경·목축을 통한 정착생활은 인간 및 동물의 밀집도를 높였고 이와 같은 밀집생활은 이상적인 병원체의 온상溫床과 같은 역할을 했다. 기원전 10000년경 약 400만 명 정도였던 세계인구는 농경·목축이 시작된 기원전 5000년경에는 500만 명으로 증가했을 것으로 추정된다. 신석기 시대 말기의 이 과도기 5,000년 간 인구 증가율이 100만 명에 그쳤다는 것은 일종의 '인구학적 병목현상'이 있었다는 것을 시사한다.

인구증가율이 대체출산율(산모 1명당 약 2.1명)을 조금만 상회해도 인구는 비약적으로 증가하게 되는데 ─ 즉, 400만 명에서 약 800만 명으로 증가 ─ 이와 같은 현상이 일어나지 않았던 이유는 이 기간 동안 인구증가가 심각하게 정체되어 있었다는 것을 뜻한다. 농경·목축 기술의 발달, 이에 따른 잉여생산물의 증가와 식량공급의 안정화가 이루어졌음에도 불구하고 인구가 대폭 증가하지 않은 이유는 아마도 과밀화에 따른 '밀도 의존적 질병density-dependent diseases' = 급성 지역감염acute community infections 에서 찾아야 할 것이다. 무엇보다 정주농경에 기반한 문명의 출현은 현재 인류에게 알려진 거의 모든 미생물 병원체의 등장을 촉발했다. 요컨대 문명의 여명기는 역학적으로 가장 치명적인 시기, 다시 말해 '완벽한 역학疫學 폭풍Perfect Epidemiological Storm'이 형성된 시기였던 것이다.[32]

고대 이집트에서의 감염병

고대 이집트에서의 감염병

세계 최초로 도시문명을 건설한 고대 메소포타미아와 마찬가지로 신석기 시대 말기의 농업혁명, 즉 식물의 작물화와 동물의 가축화, 인구 증가에 따른 대규모 관개농경의 출현, 도시의 발전 및 지역 거점 도시의 부상, 남부 지역 거점 도시 연합의 북부 정복에 따른 이집트의 통일, 영토국가의 완성과 왕권 이데올로기의 강화 등이 순차적으로 발생했고 기원전 3000년경 고유의 특성과 방향성을 가진 고대 이집트 문명의 기틀이 완성되었다. 다른 인물 · 사건 · 현상과 같이 고대 이집트의 감염병과 관련해서도 상반되는 다양한 이론이 제기된 바 있다.

감염병의 경우 그 존재와 유행의 여부 등을 파악하는 데 있어 고고학적 증거 · 문헌학적 기록 · 현존하는 미라에 대한 검시檢屍, autopsy 등을 통해 객관적인 파악을 시도할 수 있다. 그러나 고대 이집트의 고고학적 증거 · 문헌학적 기록을 통해 당시의 실상을 파악하는 것은 사료와 발굴을 통한 직간접적 증거가 부족하고 지역적 · 시기적으로 편향되어 있어 그 학문적 가치가 제한적일 수밖에 없다. 결과적으로 감염병과 관련된 가장 유용한 정보는 거의 대부분 미라의 검시를 통해서만 확보될 수 있다. 그러나 감염병은 미생물 병원체에 의해 발병하기 때문에 사망 후 감염의 흔적이 잘 남지 않고, 미라의 경우 피부와 연부 조직이 훼손된 경우가 많아 특정 질병을 확정하는 것이 쉽지 않다. 이와 같은 이유로 고대 이집트의 감염병에 대해서는 아무것도 확정할 수 없다는 의견도 존재한다. 그럼에도 불구하고 이 책에서는 선왕조 시대(기원전 5300~3000년경)에서 후기왕조 시대(기원전 664~332년)까지의 이집트 내외의 감염병 및 그 유행 정황을 고고학적 증거·문헌학적 기록·미라에 대한 검시 등을 통해 살펴보고자 한다.

고대 이집트 시대 감염병의 신화적 선례

고대 이집트의 만신전萬神殿, pantheon 에서 '권세 있는 여인'이라는 의미의 *sḫmt* "세크메트Sekhmet"는 대개 여성의 몸에 암사자의 얼굴을 한 여신으로 표상되는데 태양의 포악한 속성과 그에 의해 유발되는 (혹은 유발된다고 생각되었던) 역병疫病을 관장하던 무서운 존재였다.[1] 고대 이집트의 가장 대표적인 서사문학 작품인 『시누헤 이야기 Tale of Sinuhe』에서는 주인공 시누헤가 모시던 파라오가 *nṯr pf mnḫ wnnw snd.f ḫt ḫ3swt mj sḫmt rnpt jdw* "역병이 창궐하던 해의 세크메트 여신처럼 그 두려움이 온 이방異邦에 미쳤던 탁월하신 신"으로 묘사되고(*p.Berlin* 3022, 44-45행), 파라오에 대한 찬양시 『센와세레트 3세 찬가Hymn to Senwosret Ⅲ』에서는 왕(중왕국 시대 제12왕조 센와세레트 3세: 기원전 1870~1831년)이 *stj šsr mj jrr sḫmt* "세크메트 여신과 같이 화살을 쏘시는 이"로 묘사되는데(*p.UC* 32157, 1,7행) 이처럼 전사戰士 파라오의 용맹함은 종종 세크메트 여신의 포악함과 비교되었다.[2]

그러나 고대 이집트로부터 전승되는 문헌 중 세크메트의 파괴적인 신격을 가장 잘 묘사한 것은 바로 이집트의 인류멸망 신화가 수록되어 있는 『천상 암소의 서 Book of the Heavenly Cow』이다. 영국의 삽화가이자 전문 발굴가였던 하워드 카터 Howard Carter(1874~1939년)가 1922년 발견한 신왕국 시대 제18왕조의 투탕카멘 Tutankhamun(기원전 1336~1327년)의 석관을 둘러싼 황금색 사당 벽면에 처음 새겨지기 시작한 이 신화에 따르면, 시간이 흘러 창조주-태양신이 노쇠해지자 인간들이 반란을 일으키고 이에 창조주-태양신은 대책을 논의하고자 신들의 회의를 소집한다(*Himmelskuh*, OBO 1982, pl. 3).: *mj.tn r(m)ṯ ḥprw m jrt.j k3.n.sn mdt r.j / ḏd n.j jrt.tn r.s* "보시라, 내 눈[目]에서 발현한 인간들이 나에게 대항하는 일을 획책劃策했으니 그대들이 그것에 대해 무엇을 할 것인지 말해보라." 이에 창조 이전부터 존재했던 무한한 바다였던 태초의 대양 Primeval Ocean 인 눈 Nun 을 비롯한 신들은 창조주-태양신에게 자신의 눈 = 대리자를 지상으로 내려보내 인간들을 몰살시키라고 조언한다.[3]

반란을 응징하기 위해 창조주-태양신의 눈 = 대리자인 하토르-세크메트 여신이 지상으로 파견된 것을 본 반란의 무리들은 사막으로 도주했지만 하토르-세크메트가 그들을 모두 물어 죽였으며 그들의 피가 흘러 개울을 이루었다. 태양신에 대적했던 인간의 무리를 닥치는 대로 몰살시킨 하토르는 창조주-태양신에게 돌아와서 다음과 같이 보고한다(*Himmelskuh*, OBO 1982, pl. 5).: *ḏd.jn nṯrt tn / ʿnḥ.k n.j / jw sḫm.n.j m r(m)ṯ / jr nḏm ḥr jb.j* "그러자 그 여신[하토르]이 말하기를, '그대가 저를 위해 사시는 한,[4] 저는 인간들을 제압했사오며 그것이 제 마음에 달콤하나이다.'" 이 말에 창조주-태양신은 이제 나머지 인간들은 자신들이 알아서 할 것이니 하토르-세크메트 여신은 살육을 멈추라고 말한다. 그러나 이미 피 맛을 본 하토르-세크메트는 살육을 멈출 생각이 전혀 없었다.

태양신이 하토르-세크메트 여신을 마음대로 통제할 수 없었던 것은 이 여신의 신격 자체가 남신들의 통제나 간섭을 받아들이지 않았기 때문이기도 하지만 이 신화에서 세크메트 여신이 태양빛이 강렬하고 나일강의 수위가 가장 낮은 시기에 찾아왔던 열병 혹은 전염병을 상징했기 때문이다.

고대 이집트의 사자는 사막을 건너와 나일강의 물을 마시는 습성이 있었으며 따라서 사막의 속성을 가진 동물로 여겨졌는데 이집트인들은 역병이 사막이나 하늘에서 온다고 생각했다. 또한 역병은 나일강의 수위가 가장 낮고 태양빛이 가장 강렬한 6~7월에 집중적으로 발생했는데 이와 같은 이유로 세크메트 여신이 역병을 퍼뜨리는 여신, 즉 태양(신)의 포악한 신격을 상징하는 여신으로 표상된 것으로 추정된다. 아울러 미생물이나 바이러스에 대한 지식이 전무했고 의학이 일정 수준 이상 발전할 수 없었던 고대 문화권에서 난치병 혹은 역병은 사람의 노력으로는 대비하거나 통제할 수 없는 신의 징벌이었다. 『천상 암소의 서』에서는 창조주-태양신조차 난치병 혹은 역병을 통제하는 데 어려움을 겪는 모습을 보여준다.[5]

고대 서아시아에서는 무언가 재앙을 초래하는 신은 그 재앙을 거둘 수 있는 권능을 동시에 가지고 있다는 믿음이 있었다. 따라서 세크메트는 역병을 퍼뜨리는 신인 동시에 역병을 종식시킬 수 있는 여신이었으며 그녀를 모시는 정결신관들 역시 의사와 같은 역할을 수행했는데 세크메트 신관들의 이와 같은 역할은 『에베르스 파피루스Papyrus Ebers』(p.Ebers, §854a = 99, 2-5)와 『에드윈 스미스 외과 파피루스Edwin Smith Surgical Papyrus』(증례 1, 주석 A) 등과 같은 의학 파피루스와, 이집트 중부에 위치한 설화석고 채석장인 하트눕Hatnub에 중왕국 시대 제12왕조(기원전 1985~1773년)의 관리들이 신관문자神官文字, hieratic로 작성한 낙서graffito를 통해서 확인된다.

세크메트 이외에도 질병 및 의학과 관련된 이집트 만신전의 신들로는 전갈을 비롯한 독충으로부터 인간을 보호하는 역할을 수행한 셀케트 Selqet 여신, 출산 및 임산부와 신생아를 보호하는 역할을 했던 안짱다리를 한 난쟁이 신 베스Bes와 하마 여신 타웨레트Taweret 등을 들 수 있다. 특히 셀케트 여신의 신관은 독충 및 독사의 독에 중독된 환자에 대한 주술적 치료를 시행한 것으로 알려져 있다.

앞서 언급한 것처럼 미생물·바이러스와 같은 병원체를 파악할 수 없었던 이집트인들은 고대 서아시아의 다른 문명과 마찬가지로 외부의 사악한 기운이 인간의 몸 안으로 들어옴으로써 원인을 알 수 없는 질병에 걸린다는 생각을 가지고 있었다.[6] 예를 들어 『에베르스 파피루스』에서는 귀로 가는 4개의 핏줄 중 2개에 대해 언급하면서(*p.Ebers* §54f = 100,3-4), *ꜥq ṯꜣw n ꜥnḫ m msḏr jmntj / ꜥq ṯꜣw n m(w)t m msḏr jꜣbtj* "생명의 숨결은 오른쪽 귀에서 들어오며 죽음의 숨결은 왼쪽 귀에서 들어온다"고 설명하고 있다. 아울러, 『에드윈 스미스 외과 파피루스』의 「증례 8, 주석 D」에서도 다음과 같은 언급을 찾아볼 수 있다(*p.Smith* IV: 16-17). *jr ꜥqt m rwty ṯꜣw pw n nṯr n rwty m(w)t rꜣ-pw jn sꜥqt n qmꜣt ḥꜥw.f* "밖에서 들어오는 것에 대하여, 그것은 밖으로부터의 신 혹은 망자의 숨결로서 그의 사지四肢가 만들어낸 것이 들어오게 하는 것이다."[7]

또한 위작僞作 역사기술pseudo-historiography 장르에 속하는 종교문학 작품 『벤트라쉬 석비Bentresh Stela』(Louvre C 284)에는 달의 신이자 치유의 신인 콘수Khonsu가 베크텐Bekhten이라는 가상의 국가의 공주인 벤트라쉬의 몸에 들어간 악령을 퇴치한다는 내용이 새겨져 있는데 이를 통해서도 고대 이집트인들이 생각했던 질병의 원인, 즉 외부의 숨결 혹은 영혼πνεῦμα이 몸으로 들어옴으로써 질병이 발생한다는 발상을 확인할 수 있다(11-12).:

spr pw jr.n rḫ-ḫt r bḫtn / gm.n.f bnt-ršt m sḫr ḫr ꜣḫtj / gm.n.f [sw ḥrwy n]
ꜥḥꜣ ḫnꜥ.f "현자[치료를 맡은 서기관 토트엠헵 Thothemheb]가 베크텐에 도착하여 벤트라쉬가 영혼들 아래에 있는 형국을 발견했고 (그것이) 겨룰 수 있는 [적]인 것을 알았다".[8]

고대 이집트 시대 감염병의 문헌학적 언급

고대 이집트인들을 포함한 고대 서아시아인들은 감염병의 정확한 발병기전 pathogenesis 은 알지 못했지만 적어도 감염병이 어떻게 확산되는지는 알고 있었다. 대표적인 예로 메소포타미아 외곽에 위치했던 도시국가 마리 Mari 의 왕 짐리-림 Zimri-Lim(기원전 1775~1762년경)이 왕비 시브투 Shibtu 에게 보낸 서신을 들 수 있다.[9]

「마리 서신 10.129」(MAR X, 129,10-20)

i-na-an-na dan-na-tim šu-uk-ni-ma | i-na ka-as₂ i-ša-at-tu-u₂ | ma-am-ma-an la i-ša-at-ti | i-na ᶦˢkussêm ša uš₂-ša-bu | ma-am-ma-an la uš₂-ša-ab | u₃ i-na ᶦˢeršim sa it-ti-il-lu | ma-am-ma-an la it-te-e-el-ma | sinnišātimᵐᵉˢ ma-da-tim | it-ti-ša-ma | [l]a i-sa-ab-bi-ik | [ṣi-im-m] u-um šu-u₂ mu-uš-ta-aḫ-ḫi-iz

이제 엄중한 명을 내리나니, 그 누구도 그녀[감염자]가 마셨던 컵으로 마시지 말 것이며, 그 누구도 그녀가 앉았던 자리에 앉지 말 것이며, 그 누구도 그녀가 누웠던 침상에 눕지 말라. 아울러 그녀는 (다른) 많은 여인들과 섞이지 말지어다. 이 병[감염병]은 전염되기 때문이니라.

이 서신을 통해 고대 서아시아인들도 감염병이 전파되는 원리, 즉 감염자가 사용했던 물건이나 머물렀던 장소에 머물면 다른 사람도 동일한 질병에 감염된다는 사실을 알고 있었다. 또한 동사 *aḫāzu*(*m*) "붙잡다"·"취하다"의 Štn 어근인 *šutaḫḫuzum* "지속적으로 감염시키다"에서 파생된 형용사 *muštaḫḫizum* "전염성이 있는"이 서신의 마지막 행에 사용된 것을 통해 "전염성"에 대한 개념도 가지고 있었다는 것을 짐작할 수 있다.[10] 고대 이집트의 경우 이 「마리 서신」과 같이 감염병의 사례를 확증할 수 있는 서신은 찾아볼 수 없다. 신왕국 시대의 서신 중 질병이 언급되는 경우는 대부분 환자가 가족 구성원 등에게 식량과 같은 원조를 요청하거나(예: *o.Berlin 11247; o.UCL No. 3; o.DM 581; o.Wente*) 신이나 망자에게 자신이나 아내 혹은 하인들의 병을 치료해달라고 청원 혹은 요구하는(예: *p.Strassburg 21; Cairo Bowl; Hu Bowl; Oxford Bowl; p.Leiden I 371*) 내용이 대부분이다.[11]

이 맥락에서 고대 이집트의 다양한 의학 파피루스는 일견 왕조시대(기원전 3000~332년)의 감염병의 (범)유행과 가장 연관성이 큰, 따라서 이들 감염병의 존재와 실태를 가장 손쉽게 파악할 수 있는 자료처럼 보인다. 그러나 현존하는 주요 의학 파피루스 중 대다수는 외과 혹은 부인과에 대한 것이며 감염병과 관련된 단서를 발견할 수 있는 일반진료에 관한 파피루스는 소수에 불과하다. 게다가 외과 파피루스와는 달리 일반의학 파피루스의 경우 진단 과정에 대한 언급은 대개 생략되어 있으며 언급된 병명 역시 해당 파피루스 이외의 문헌자료에서는 등장하지 않는 것들이 대부분이기 때문에 현대어로의 번역 및 해석이 쉽지 않다. 요컨대 의학 파피루스는 극히 일부 간접적인 설명이나 주해를 제외하면 감염병의 실태나 유행 등을 파악하는 데 있어 거의 도움이 되지 못한다.

아울러 감염병의 (범)유행에 대한 사료 역시 거의 발견되지 않는다. 일례로 어휘 *j(ꜣ)dw* "역병"의 용례는 중왕국 시대 전체 문헌에서의 출현빈도가 총 845회에 이르지만 이는 대부분 분묘 내벽이나 목관에 새겨진, 『코핀 텍스트 Coffin Texts』와 같은 장례문서의 주문의 맥락에서 등장하는 것이며 [12] 감염병의 유행을 추정해볼 수 있는 관련 명사구 *rnpt j(ꜣ)dw* "역병의 해" 역시 중왕국 시대의 문서에 846번 등장하지만 이들 역시 앞서 언급한 『시누헤 이야기』 등과 같은 문학작품 혹은 낙서 등에서 비유적으로 사용되었거나 나일강의 범람 이후 거의 매년 정기적으로 발생하던 수인성 감염병의 반복적 유행에 대한 내용이 대다수다. [13] 또한 이 어휘는 의학 파피루스의 의학용어로 사용되지 않았는데 이를 통해 고대 이집트인들은 감염병을 의료의 영역이 아닌 종교·신화의 영역 – 즉, 인간에 대한 합당한 혹은 임의적인 신의 징벌 – 에 속하는 것으로 본 것이 아닌가도 의심해볼 수 있다. 결론적으로 고대 이집트 문헌에서 내분·기아 등과 관련된 문헌학적 사료는 종종 발견되나 역병과 관련한 사료적 기록은 찾아보기 쉽지 않다고 할 수 있다.

이와 같은 맥락에서 감염병과 관련된 가장 주목할 만한 문헌학적 자료로는 소위 재앙문학 catastrophe literature 장르에 속하는 계시록 풍의 훈계서 admonition를 들 수 있는데 이들 훈계서는 고왕국 시대(기원전 2686~2125년)의 멸망 이후 찾아온 제1중간기(기원전 2160~2055년)의 정치적 혼란과 내분을 다루고 있다. 다시 말해, 이들 훈계서는 중왕국 시대의 안정적 정치질서를 강조하고 이와 같은 정치질서를 수립 유지하는 데 있어 핵심적인 역할을 수행하는 것으로 간주되었던 왕권을 강화하기 위해 제1중간기를 문학적으로 회고하고 사후적으로 '예언'하는 구조로 창작되었다. 이들 재앙문학의 훈계서는 대개 파라오를 정점으로 하는 통치체제가 무너지고 나라가 혼란해짐에 따라 내부적으로는 내전·기근·역병과 같은 재앙이 발생하고 외부적으로는 이집트 국경 밖에 있는 이민족들이 별다른 저항 없이 이집트로 몰려와 정착한다는 내용을 기본으로 한다. 교훈서 중 역병이 구체적으로 언급되어 있는 작품으로『이푸웨르의 훈계서 Admonitions of Ipuwer』를 들 수 있는데 이『훈계서』는 이집트에서 발생한 역병의 실상을 다음과 같이 묘사한다.

『이푸웨르의 훈계서』 (p.Leiden 1 344, 2,5-7; 2,10)

jwms [jb] sḥm.w / jꜣdt ḫt tꜣ / snf m st nb

nn qꜣn n m(w)t / wnḥyt ḥr ḏd / nj tkn jm.st

jwms m(w)t ꜥšꜣ.(w) / qrs m jtrw

nwy m ḫꜣt / ḫpr js wꜣbt m nwy

… …

jwms jtrw m snf / swrj.tw jm.f

ny.tw m r(m)ṯ / jb.tw mw

진실로, 심장이 암울하니 역병이 온 땅에 퍼지고 어디에나 피가 있구나,

죽음은 끝이 없고 수의壽衣는 아직 다가가지도 않았는데 부르는구나,

진실로, 죽음은 흔하고 수많은 이가 강에 묻히니

강이 무덤이고 미라를 제작하는 곳이 강이 되는구나,[14]

… …

진실로, 강이 피로 변하니 (그럼에도) 사람이 그것을 마시고

다른 사람들을 피하게 되지만 (여전히) 목말라하는구나.

본문은 역병이 온 땅에 퍼져 많은 사람이 목숨을 잃고 사망자의 수가 너무 많아 이들이 전통적인 장례절차에 따라 매장되지 못하고 수장水葬되

는 최악의 상황을 묘사하고 있다. 아울러 여기에는 『구약성서』 「탈출기」의 첫 번째 재앙(7:14-25)과 유사하게 나일강이 피처럼 변하는 이례적인 상황도 언급되어 있어 역병의 창궐이 「탈출기」에서와 같이 나일강 유역을 중심으로 한 일련의 연쇄반응, 즉 나일강의 홍조紅藻 현상이 병원체의 매개체가 되는 해충의 증식을 초래하고 이와 같은 상황이 다시 식수원의 오염과 같은 비위생적인 환경과 결합하여 역병을 발생시키는 과정을 따랐을 것이라는 가능성을 시사하고 있다(『구약성서』「탈출기」에 묘사된 감염병' 참조).

그러나 『이푸웨르의 훈계서』는 그 역사적 배경이 뚜렷하지 않고 훼손된 부분이 많아 작품을 정확하게 해석 분석하는 데 상당한 어려움이 따르며 역사적 사실을 기록한 사료가 아니라 작가의 상상력에 의해 고안된 허구가 허용되는 문학작품이라는 결정적인 한계가 있다. 요컨대 『훈계서』에 언급된 내용은 이집트가 위기상황에 빠졌을 때의 상황을 상징적으로 묘사할 뿐이며, 따라서 역병에 대한 고대 이집트인들의 기본적인 심성과 태도를 파악하는 것 이상의 문헌학적 가치는 없다고 할 수 있다.

『구약성서』 「탈출기」에 묘사된 감염병

고대 이집트에서의 감염병에 따른 유행병과 범유행을 거론할 때 자주 언급되는 것이 『구약성서』 「탈출기」에 묘사된 מכות מצרים "이집트의 (열 가지) 재앙Plagues of Egypt"이다. 그러나 「탈출기」는 실제 일어난 사건과 가상의 사건이 취합·가공된 종교적 전승으로 보아야 하며 비판적 연구대상이 되는 역사적 사료로는 사용될 수 없다. 따라서 「탈출기」에 묘사된 재앙은 일종의 상징적 사건으로 보아야 할 것이다. 이 책에서는 이들 재앙 중 감염병과 관련이 있는 여섯 번째 재앙(「탈출기」 9:8-12)과 열 번째 재앙(「탈출기」 11:1-12:36)을 간단히 살펴보고자 한다.

「탈출기」에 묘사된 재앙을 역사적 사건으로 보는 학자들이 제시하는 재앙의 원인은 크게 다음 두 가지로 요약된다.[15]

- 화산폭발 가설: 에게해 남부의 테라(Θήρα)섬에서 기원전 1620~1600년경 발생한 것으로 추정되는 화산폭발의 여파가 이집트에 영향을 미쳐 「탈출기」의 열 가지 재앙을 유발했다. 대기권의 화산재가 이집트에 산성비를 내리게 했고 이 때문에 여섯 번째 재앙에 묘사된 종기 boil가 발생했다.[16] 이와 관련하여 「탈출기」는 다음과 같이 언급하고 있다(9:8-12).: "야훼께서 모세와 아론에게 이르셨다. '가마솥 밑에 붙은 그을음을 두 손에 가득 움켜쥐어라. 그리고 파라오 앞에 가서 모세가 그것을 공중에 뿌려라. 그 그을음이 먼지가 되어 이집트 온 땅에 퍼져 나가 이집트 사람과 가축은 종기가 나서 곪아 터지게 되리라.' 그들은 가마솥 밑에서 그을음을 긁어모아 가지고 파라오 앞에 나섰다. 모세가 그것을 공중에 뿌리자 사람과 가축은 종기가 나서 곪아 터지게 되었다." 한편 열 번째 재앙, 즉 맏아들과 맏배의 죽음은 재앙에 대한 희생제의에 따른 것이다.[17]

- 홍조류 가설: 홍조류紅藻類, red algae(제시된 여러 조류의 학명: *Haematococcus pluvialis; Euglena sanguinea; Planktothrix rubescens; Pfiesteria piscidia*)가 발생하여 강의 물고기와 개구리가 죽으면서 모기와 파리 등과 같은 해충의 개체수가 크게 증가했으며 특히 이蝨(혹은 진딧물)에 의해 가축들에게는 아프리카 마역馬疫, African horse sickness · 청설병靑舌病, bluetongue 등이 발병했다. 앞서 언급한 종기는 사람도 쉽게 감염되는 마비저馬鼻疽, glanders에 의한 것

이며 장자와 맏배의 죽음은 아홉 번째 재앙(『탈출기』10:21-29), 즉 사막의 모래폭풍으로 유발된 짙은 어둠으로 인해 곡물에 발생한 곰팡이가 부유하면서 공기에 다양한 독성을 퍼뜨렸고 이런 곰팡이에 오염된 곡물을 먹은 아이들에게 치명적인 증상을 유발했기 때문이다.[18]

이 두 가설에서 다섯 번째 재앙(『탈출기』9:1-7), 즉 가축에 대한 질병에 대해서는 '홍조류 가설'에서 언급된 아프리카 마역 · 청설병 · 마비저 이외에도 우역牛疫, rinderpest ‒ cattle plague · 구제역口蹄疫, foot-and-mouth disease · 리프트 밸리열熱, Rift Valley fever 등을 의심해볼 수 있으며 특히 말 · 나귀 · 낙타 · 소 · 양 등을 대상으로 한다는 점과 이집트라는 지역적 특성, 그리고 심각한 예후들을 고려할 때 탄저병일 가능성도 배제할 수 없다.[19]

아울러 세 번째 재앙(『탈출기』8:12-15)과 네 번째 재앙(『탈출기』8:16-28), 즉 모기와 이 혹은 쇠파리(학명: Stomoxys calcitrans) · 집파리(학명: Musca domestica)와 같은 매개체 전파의 주범인 해충의 증식은 말라리아 · 뎅기열dengue · 황열병yellow fever · 트라코마trachoma · 세균성 이질bacillary dysentery · 탄저병과 같은 미생물 병원체에 의한 질환뿐만 아니라 리슈마니아증症, leishmaniosis · 종기성 승저증蠅蛆症, furuncular myiasis 등과 같은 기생충에 의한 질환의 유발로 이어질 수 있다.

한편 여섯 번째 재앙인 인간과 동물에 대한 종기는 다섯 번째 재앙과 연계해서 생각해볼 수 있는데[20] 여기에는 탄저병 · 렙토스피라증症, leptospirosis · 브루셀라증症, brucellosis = 파상열波狀熱, undulant fever 등과 같은 인수공통 전염병과 함께 천연두 · 주혈흡충증住血吸虫症, schistosomiasis(병원체: Schistosoma) 등이 고려될 수 있다. 천연두는 당시 이집트 풍토병이었으며 다리와 발에 물집이 생기는 증상은 주혈흡충증에 일반적으로 나타난다.

끝으로 마지막 재앙인 장자와 맏배의 죽음에 대해서는 곰팡이 이외에도 말라리아와 함께 장티푸스typhoid fever가 원인으로 제시된 바 있다.[21]

그러나 「탈출기」가 종교서사, 즉 허구적 전승이라는 점과 열 가지 재앙에 언급된 질병의 경우 병명이나 구체적인 증상·지속기간·예후·영향·후유증 등이 명확하게 언급되지 않는다는 점을 고려할 때 이들이 어떤 병원체에 의한 무슨 질병이었는지 확정할 수 없으며 설사 확정한다 해도 해당 질병의 발생이 역사적 사건으로 성립하지 않기 때문에 고대 이집트의 감염병의 실태를 파악하는 데 있어서는 당시 이 지역의 풍토병과의 연관성을 파악하는 것 이상의 학문적 의미나 가치는 없다고 할 수 있다.

고대 이집트 시대 감염병의 고고학적 정황증거

감염병에 따른 유행병 및 범유행은 단기간에 이루어진 대규모 집단매장의 흔적 혹은 당대의 적절한 매장절차를 생략한 간소한 혹은 서둘러 수행한 매장의 흔적 – 예컨대, 고대 이집트에서는 내세에서 영생을 성취하는 핵심적 필요조건이라 할 수 있는 미라제작 과정의 생략 – 등과 같은 고고학적 정황증거로 추정해볼 수 있다. 고대 이집트의 경우, 모든 연령대의 인구집단이 거의 동시에 매장된 대규모 집단 매장지나 미라제작과 같은 과정을 생략한 황급한 매장의 흔적 등은 전쟁 등의 특수한 맥락을 제외하면 매우 드물게 발견된다. 다만 최근의 연구를 통해 이후 살펴볼 텔 엘 – 아마르나(Tell El-Amarna, 아랍어: العمارنة)의 남부 집단묘역South Tombs Cemetery에서 동시다발적 매장의 흔적이 발견되었으며 묘역의 유해를 대상으로 한 조사를 통해 감염병의 가능성이 제기된 바 있다("'히타이트 역병'의 기원" 참조).

동시다발적 매장의 초기 증거로는 정치적 내분기였던 제1중간기(기원전 2160~2055년)를 종식시킨 중왕국 시대 제11왕조의 파라오 넵헤페트레 몬투호텝 2세Nebhepetre Montuhotep II(기원전 2055~2004년)가 테베Thebe(현재 룩소르) 서안西岸의 데이르 엘–바흐리Dier el-Bahri(아랍어: الدير البحري)에 조성한 왕묘를 들 수 있는데 이 왕묘에는 여러 명의 왕비가 비슷한 시기에 매장되었다. 이와 같은 단기간의 집단매장은 이집트 남부와 북부가 다시 하나로 통일되면서 중앙정부의 통제가 없었던 상황에서 발생한 감염병 유행에 따른 정황적 증거로 볼 수 있을 것이나.

한편 1920년대 미국의 이집트학자이자 고고학자인 허버트 E. 윈록 Herbert E. Winlock(1884~1950년)이 몬투호텝 2세의 왕비들의 미라 중 일부를 발굴했는데 발굴 당시 이들 미라의 보존상태는 양호했다. 더글러스 베리 Douglas Berry가 이들 미라 중 아샤이트Ashayt의 미라를 검시한 결과 감염병이 아닌 분만 중 사망한 것으로 밝혀졌다. 다른 미라는 발굴 이후 부패가 진행되어 현재 미라의 보존상태는 매우 열악하며, 따라서 연부 조직이 소실된 이들 미라의 검시를 통해 감염병의 유행 여부를 판단하기에는 무리가 있다.

또 다른 다발적 매장의 증거는 오스트리아의 고고학자 만프레드 비에탁Manfred Bietak(1940년~현재)에 의해 제기되었다. 그는 셈족 계통의 힉소스 Hyksos족이 이집트 북부를 지배했던 제2중간기(기원전 1650~1550년) 북부 이집트의 수도 아바리스Avaris(현재의 텔 엘-다바)에서 제13왕조 및 제14왕조(기원전 1773~1650년경)보다 다소 앞서는 기원전 1700년대 이전에 해당하는 G/F 지층에서 부장품의 흔적이 없는 구덩이 형태의 집단매장 묘역을 발견했는데 이를 감염병이 유행한 증거로 보았다.[22] 그러나 이와 같은 주장은 정황적이며 이를 뒷받침하고 확증할 수 있는 보다 구체적인 문헌학적·고고학적 증거는 아직 발견되지 않았다. 따라서 제2중간기 나일 삼각주 동부 지역에서 감염병이 유행했다는 가설에 대해서는 보다 조심스러운 접근이 요구된다고 할 수 있다.

한편 고대 이집트인들이 남긴 조각상, 분묘의 벽화와 부조, 그리고 장례석비 역시 당시 유행했던 감염병을 추정할 수 있는 고고학적 정황증거로 사용될 수 있으나 대개 귀족과 관련된 조형예술은 당시의 엄격한 예술원리에 따라 제작되었기 때문에 묘사하는 대상의 실제 모습을 그대로 재현하는 데에는 큰 관심을 보이지 않았다. 예컨대 분묘의 주인인 남녀 귀족들은 자신들의 형상이 제작되던 시기의 실제 연령이나 건강상태와 상관없이 언제나 활력이 넘치는 건강한 모습으로 묘사되었으며, 특히 여성들의 경우에는 예외 없이 큰 키에 날씬하고 아름다운 모습으로 형상화되었다. 이들보다 계급이 낮은 하인들만이 그들의 실제 모습과 비교적 비슷하게 묘사되었는데 이들 하층민들의 모습을 통해 실명 · 대머리 · 왜소증 · 구루병佝僂病 · 척추장애 · 탈장 등과 같은 증상이 고대 이집트 사회에 존재했다는 것이 확증되었다.

그러나 분묘의 주인이 가지고 있었던 장애나 질병의 흔적이 그대로 묘사되는 예외적인 경우도 있는데 이와 관련한 가장 유명한 예 중 하나로 신왕국 시대 제18왕조 아멘호텝 3세Amenhotep III(기원전 1390~1352년) 재위기 전후 아스타르테Astarte 신전 문지기로 활동했던 시리아계 이집트인 루마Ruma 가 여신에게 봉헌한 석비를 들 수 있다. 소위 「소아마비 석비Polio Stele」로도 불리는 이 석비에서 루마는 오른팔 겨드랑이에 지팡이를 끼고 기댄 채 아내 · 아들과 함께 여신에게 헌주獻酒하는 모습을 하고 있는데 여기서 위축된 왼쪽 다리와 첨족尖足 기형equinus deformity 으로 보이는 발이 매우 사실적으로 묘사되어 있다(그림 1).[23]

그림 1 루이-루마의 「소아마비 석비」

신왕국 시대 제18왕조 아멘호텝 3세 재위기 전후 아스타르테 신전의 문지기로 활동했던 시리아계 이
집트인 루이-루마가 아내, 아들과 함께 여신에게 헌주하고 있다. 루마의 왼쪽 다리는 소아마비로 인
해 정상적으로 발육되지 않았으며 왼쪽 발은 첨족 기형의 증상을 보인다. 루이-루마는 불편한 왼쪽
다리와 균형을 맞추기 위해 오른쪽 팔 겨드랑이에 지팡이를 끼고 있다. 소아마비 증세가 묘사된 세계
최초의 이미지로 여겨지고 있으며 이 때문에 루이-루마의 봉헌석비는 「소아마비 석비」로 불린다.

미라 검시를 통한 고대 이집트 시대 감염병의 추적

앞서 살펴본 것처럼 고대 이집트의 고고학적 증거나 문헌학적 기록은 당시 감염병의 존재와 정황을 비교적 정확하게 파악할 수 있는 증거를 제시하기에는 부족하고 편향적이며 불확실하다. 사실 고대 이집트 왕조시대의 감염병을 추적하고 확증하는 데 있어 가장 신뢰할 수 있는 정보는 이 시대에 제작된 미라를 검시하는 것이다. 독일의 지리·기후학자이자 식물학자인 블라디미르 쾨펜Wladimir Peter Köppen(1846~1940년)의 기후구분에 따르면 북위 25~30도에 속하는 이집트는 온난 사막기후BWh에 속하며 평균기온은 여름이 섭씨 27~33도, 겨울이 섭씨 13~21도에 달한다. 이와 같은 덥고 건조한 기후는 시신의 부패를 막고 피부의 탈수와 건조를 유도하여 자연스럽게 시신이 미라로 변하게 하며 왕묘와 분묘를 경작지에서 멀리 떨어진 사막지대에 조성했던 풍습은 인공적으로 제작한 미라들이 오랜 기간 보존될 수 있도록 해준다. 따라서 미라를 검시하여 고대의 감염병을 파악하고자 하는 학자들에게 미라는 가장 이상적인 검체檢體라 할 수 있다.

그러나 고대의 장인들에 의해 미라가 제작되는 과정에서 뇌는 초기단계에서부터 제거되었으며 폐·위·간·소장과 같이 부패하기 쉬운 장기들 역시 미라제작 과정에서 적출되어 따로 처리·보존되었다.[24] 하지만 현존하는 이들의 장기의 보존상태는 대부분 매우 심각한 상태다. 아울러 미라제작 과정에서 사용된 천연 탄산소다natron와 각종 수지·역청瀝靑·약품 등에 의해 피하 연조직이 파괴되는 바람에 정밀한 검시가 불가능한 경우도 많다. 그럼에도 불구하고 미라 검시의 기법과 그에 따른 결과는 의학과 과학의 발전에 따라 더욱 정교화되고 정확해졌다.

이집트학에서 미라의 검시를 위해 과거에 사용된 그리고/혹은 현재 사용되고 있는 과학적 검시 방법은 다음과 같다.[25]

- 미라부검: 미라부검은 미라의 붕대를 풀고 이어 신체의 각 부위를 절개·해체하고 이후 병리해부morbid anatomy 단계의 검진을 수행하는 검시 방법이다. 여타 비침습적 방법에 비해 보다 세밀하고 구체적인 정보와 후속 연구를 위한 검체를 확보할 수 있다는 점에서 1970~1980년대까지 널리 시행되었다.[26] 특히 1881년과 1898년 테베 서안에서 왕족의 미라가 대량으로 발견되면서 미라부검 연구의 기초가 확립되었다.[27] 초창기 시행된 과학적인 미라 부검 중 대표적인 예로는 1907년 영국 맨체스터 박물관Manchester Museum 의 이집트학자 마거릿 머리Margaret Murray(1863~1963년)가 소위 '두 형제Two Brothers'로 불리던 나크트앙크Nakhtankh 와 크눔나크트Khnumnakht 를 대상으로 수행한 학제 간 연구를 들 수 있다. 이들 미라에 대한 연구는 1910년 『두 형제의 분묘The Tomb of Two Brothers』라는 제목의 학술서로 출간되었다. 또한 1975년 맨체스터 대학교University of Manchester 의 이집트학자 앤 로잘리 데이비드Ann Rosalie David(1946년~현재)가 대학교 박물관이 소장하고 있던 "미라 1,770번"에 대한 부검 및 연구를 수행했다. 그러나 미라 부검은 결과적으로 미라를 훼손할 수밖에 없는 연구방법이었으므로 방사선학 및 영상의학의 발전과 1980년대부터 제기되기 시작한 인간유해에 대한 존엄성 및 윤리심의 이슈로 인해 현재로서는 첨단 기술을 이용한 비침습적 방법만이 사용되고 있다.
- 엑스선 검진: 1895년 독일의 물리학자 빌헬름 콘라트 뢴트겐Wilhelm Conrad Röntgen(1845~1923년)에 의해 엑스선이 발견된 이후 엑스선을 이

용한 검진은 미라의 상태를 변형시키지 않고도 미라를 검시할 수 있는 비침습적 방식으로 여겨졌으며 골절과 같은 뼈의 이상을 파악하는 데 사용되었다. 1898년 독일의 물리학자 발터 D. 쾨니히 Walter D. Koenig(1859~1936년)에 의해 프랑크푸르트 Frankfurt 에서 최초의 인간·동물 미라에 대한 엑스선 검진이 시도된 이후 엑스선 검진은 미라의 진위 여부를 파악하고 부적과 같은 내부의 부장품을 파악하는 데에도 활용되었다.

엑스선 검진으로 밝혀진 질병은 대개 골다공증과 골절을 비롯한 외상이었는데 골다공증은 신왕국 시대 제18왕조의 아흐모세 Ahmose(기원전 1550~1525년)·아멘호텝 2세 Amenhotep II(기원전 1427~1400년), 그리고 제19왕조의 람세스 2세 Ramesses II(기원전 1279~1213년)·메렌프타 Merenptah(기원전 1213~1203년)의 미라에서 발견되었다.

- 컴퓨터 단층촬영 CAT scanning: 컴퓨터 단층촬영 역시 1972년대부터 보급되기 시작한 비침습적 진단방법이다. 컴퓨터 단층촬영은 미라 전신에 대한 단층촬영 이미지를 제공하기 때문에 해당 미라의 골격구조, 근육량, 흉부 및 복부 등의 정밀 검시가 가능하다. 캐나다의 소아 신경방사선학자 데렉 C. F. 하우드-내쉬 Derek C. F. Harwood-Nash(1936~1996년)가 이끄는 연구진이 1976년 제3중간기 제22왕조(기원전 945~715년)의 미라를 대상으로 컴퓨터 단층촬영의 가능성을 최초로 시험한 이래[28] 컴퓨터 단층촬영은 미라와 관을 훼손시키지 않고 매우 선명하고 정확한 단층촬영 이미지를 얻을 수 있는 획기적인 검시방법으로 각광받고 있다.

인체에 가장 풍부한 수소 원자에 핵자기공명 NMR 분광법을 적용시킨 MRI(자기공명영상)를 통해 인체 내 조직을 관찰하는 방법은 미라의 의학적 연구에서는 그 유용성이 유보적인데 그 이유는 미라제작 과정에서의 탈수화로 인해 양성자가 생성되지 않기 때문이다.[29]

• 내시경술 endoscopy: 내시경술은 미라 내부로 카메라가 부착된 내시경 장비를 삽입하여 미라의 내부를 검사하는 기술을 말한다. 검시와 함께 특정 질병 혹은 사인에 대한 연구를 위해 시료를 채취하는 데에도 사용된다. 근육 · 신경계 · 간 등에서 채취한 조직은 미라제작 과정에서 상당히 변형된 모습을 보이지만 피부 · 모발 · 손톱 · 치아 조직은 대개 잘 보존되어 있다.

미라 조직을 최초로 연구한 학자는 '고古병리학 paleopathology'이라는 용어를 고안한 영국의 실험 병리학자이자 세균학자였던 마크 아망드 루퍼 Marc Armand Ruffer(1859~1917년)였다.[30] 그는 미라 조직에 대한 연구를 통해 각종 질병과 육안으로는 식별 불가능한 장기의 정체 등을 규명했다. 오늘날 미라 조직연구는 말라리아 · 주혈흡충증 · 선모충증旋毛蟲症, trichinosis 등과 같은 질병을 파악하는 데 사용되고 있다.

• 고古혈청학 paleoserology: 고혈청학은 인간의 유해에서 추출한 혈액형으로 가족관계와 인구집단의 이동경로 등을 파악하는 연구분야로 1930년대부터 다양한 연구가 이루어졌다. 일례로 미라의 혈액형 중 ABO형의 빈도가 현재 이집트 인구집단의 혈액형 유형과 상당히 유사하다는 연구결과가 발표된 바 있으며[31] SMM serological micromethod(혈청학적 측미법測微法)을 이용한 연구에서는 신왕국 시대(기원전 1550~1069년) 왕실 집단묘역이었던 왕가의 계곡 Valley of the Kings 분묘 중 하나인 55번 분묘 KV55 에서 발견된 신원미상의 미라가 제18왕조의 투탕카멘(기원전 1336~1327년)의 친족이라는 사실이 규명되었다.[32] 아울러 미라의 근육 및 피하조직에서 검출된 HLA human leukocyte antigen(인간백혈구항원)가 유전적 소인素因, genetic disposition 과 조직 적합성 tissue compatibility 등에 중요한 역할을 담당한다는 점을 고려할 때 앞으로 후속 연구가 꾸준히 진행된다면 지금까지는 파악하기 어려웠던 유전병에 대한 정보를 제공해 줄 것으로 기대된다. 그러나 상당한 비용이 소요되는 동시에 연구 전반에 걸쳐 상당한 기술적 문제가 산재해 있고 이로 인해 연구결과를 확정할 수 없다는 단점이 있어 최근에는 유전자 검사로 대체되고 있는 추세이다.

• 유전자 검사DNA testing: 1997년 스웨덴의 유전학자 스반테 페보 Svante Pääbo(1955년~현재)가 네안데르탈인의 미토콘드리아 DNA mtDNA 를 추출하는 데 성공한 이후 미라에서 고古유전자(이하 aDNA)를 검출하여 연구할 수 있는 가능성이 열렸다. 1985년 그는 고대 이집트 왕조시대의 미라에서 aDNA를 추출했으며 23구가 넘는 미라에서 유전자를 분리하고 복제하는 연구를 수행했다.[33] 이후 PCR polymerase chain reaction(중합효소연쇄반응) 기술을 이용한 유전자 증폭기술이 도입되면서 aDNA 검체를 추출하고 처리하는 것이 보다 용이해졌다.

최첨단 검진기법 중 하나인 유전자 검사는 주로 성별 · 가족관계 · 인종집단 · 유전병 · 감염병 등을 규명하는 데 활용되고 있다. 그러나 미라의 조직이나 뼈에서 추출 가능한 aDNA 검체의 양이 매우 적고 미라제작과 이후 처리 · 보관 · 유지과정에서 검체가 손상 · 오염되는 경우가 많아 엄격한 연구 프로토콜의 적용이 불가피하다. 현재는 인간 및 동물 미라에서 기생충 · 균류 · 박테리아 · 바이러스 aDNA 검체를 추출하려는 시도가 이루어지고 있으며 2014년에는 주혈흡충 및 기생충 알을 대상으로 한 aDNA 검체를 추출하는 데 성공을 거둔 바 있다.[34]

• 고古분자생물학 paleobiochemistry : 고분자생물학은 단백질 · 지질脂
質, lipid · 탄수화물 등과 같은 생체고高분자 biopolymer 와 나트륨 · 칼
륨 · 칼슘 · 마그네슘 · 납 · 수은 · 은 등과 같은 원소의 조성과 함량
등을 원자흡광 광도법 atomic absorption spectrophotometry 등을 이용하여
분석함으로써 미라의 보존상태와 고대 이집트인들의 식습관 및 생활
습관을 파악하는 학문분야이다. 고분자생물학은 향후 이전까지 알려
지지 않았던 질환의 발견과 추적, 인구집단의 이동과 정착과정 등을
파악하는 데 활용될 것으로 기대된다.[35]

  1960년대 후반부터는 당대의 모든 의료 · 검진기술을 총동원하여 미
라에 대한 종합적인 연구를 수행하는 것이 하나의 추세로 자리 잡았다.
맨체스터 대학교의 이집트학자인 앤 로잘리 데이비드가 1972년부터 주
도한 맨체스터 박물관 미라 프로젝트 Manchester Museum Mummy Project 에
서는 박물관이 소장하고 있던 모든 미라에 대한 종합적인 연구가 체계적
으로 수행되었으며[36] 1974년부터는 캐나다의 왕립 온타리오 박물관Royal
Ontario Museum 이 소장 중인 9구의 'ROM 미라'에 대한 종합적인 연구를 수
행해오고 있다.[37] 이어 펜실베이니아 대학교 인류고고학 박물관University of
Pennsylvania Museum 역시 이와 유사한 프로젝트를 진행하고 있으며 이를
통해 축적된 성과는 미국 해부학회American Association for Anatomy 의 공식 학
술지인 『해부기록Anatomical Record: Advances in Integrative Anatomy and Evolution
Biology』 2015년 5월호에 「미라의 해부Anatomy of Mummies」라는 제하의 특별
호를 통해 발표되었다.[38]
  아울러 2007년 9월부터 2009년 10월까지 진행된 자히 하와스Zahi Hawass(아
랍어: زاهي حواس)(1947년~현재) 전 이집트 국립 고고학청장Minister of State for

Antiquities Affairs이 주도한 투탕카멘 왕가 프로젝트Tutankhamun Family Project
에서는 신왕국 시대 제18왕조 투탕카멘(기원전 1336~1327년)의 미라와 신원이
밝혀진 기원전 1410~1324년 사이의 왕가의 미라 11구를 대상으로 세부
적인 인류학적·유전학적 조사와 함께 의료현장에서 사용되는 각종 조영
술造影術을 이용한 검시가 이루어졌다. 아울러 유전자 분석의 신빙성을 높
이기 위하여 투탕카멘의 재위 시기보다 이른 시기인 기원전 1550~1479년
사이의 왕실 미라 5구에 대한 추가적인 조사도 수행되었다.

　2010년 발표된 이 프로젝트의 연구 보고서에서 투탕카멘은 다리 골절
에 따른 감염·말라리아·쾰러병Köhler disease 등과 같은 복합적인 사인
으로 인해 사망했다는 사실이 밝혀졌다.[39] 쾰러병은 6~7세의 아동에서 발
견되는 희귀한 뼈 성장판 장애 질환으로 발의 뼈가 혈액을 공급받지 못해
괴사하는 골연골증骨軟骨症이다. 발이 붓고 서 있거나 걸을 때 통증이 발생
하면서 걸음걸이가 악화되는 쾰러병은 투탕카멘의 왕묘에서 130여 개에
달하는 지팡이가 발견된 이유를 설명해준다.[40] 아울러 미라의 유전자 분석
에 기초하여 투탕카멘의 골질환이 겸상 적혈구 빈혈증에 의해 유발되었
을 수도 있다는 의학적 소견 역시 제기된 바 있다.[41] 이처럼 현대 의료·진
단 기술을 총동원한 미라에 대한 종합적인 연구는 이전까지는 학계에 알
려지지 않았던 고대 질병과 미라제작 기술을 규명하는 데 있어 중요한 역
할을 수행하고 있다.

　소아마비poliomyelitis(병원체: poliovirus = *Enterovirus C*)·천연두는 그 존재를 확
정하는 데에는 여전히 논란의 소지가 있다. 특히 흑사병은 신왕국 시대
제18왕조(기원전 1550~1295년) 중반 이후 이집트를 비롯한 고대 서아시아 전
역으로 확산된 것으로 추정되나 정확한 정황은 사료의 부족으로 완벽하
게 파악할 수 없다.

- **기생충 감염[42]**: 1977년 캐나다의 왕립 온타리오 박물관 연구진은 제3
중간기 제22왕조(기원전 945~715년)의 14~18세 소년 직조공 나크트 =
ROM I 미라의 간 · 소장 · 신장에서 주혈흡충증을 유발하는 주혈흡
충(학명: *Schistosoma hematobium* 혹은 *Schistosoma manosi*)의 알을 발견했으며 소장에
서는 조충류條蟲屬, *Taenia* 에 속하는 촌충寸蟲, tapeworm 의 알과 선모충
낭포가 발견되었다. 주혈흡충의 경우 향후 수행될 비교연구와 통계
데이터 수집을 목적으로 맨체스터 박물관에 국제 고대 이집트 미라
조직검체 은행International Ancient Egyptian Mummy Tissue Bank 이 1995년
설립되었다. [43]
- **결핵**: 고대 이집트의 의학 파피루스에서 결핵을 특정할 수 있는 증
상에 대한 묘사는 발견되지 않는다. 따라서 고대 이집트에서의 결핵
의 존재 유무는 미라에 대한 검시에 의존하는 수밖에 없는데 결핵균
의 흔적은 보균자의 사망 후 곧 사라지므로 추적이 쉽지 않다. 또한
폐는 미라 제작 시 간장 · 위장 · 소장 등과 같은 다른 장기와 함께 적
출되어 따로 보존되었기 때문에 폐 조직의 검사 등을 통한 확인 역시
여의치 않다.

  다만 적출되어 보존된 폐의 검체에서 흉막염의 흔적이 발견되는
경우가 종종 있는데, 이를 통해 결핵의 가능성을 고려해볼 수 있
으나 결핵균이 발견되지 않는 이상 확정할 수는 없다.[44] 그러나 일
부 미라의 경우 폐와 늑막의 병변이 발견되어 결핵의 가능성이 의
심되며 제3중간기 제21왕조(기원전 1069~945년)의 아문 신관이었던 네
스파레한Nesparehan 의 미라에서는 척추결핵의 흔적이 발견된 바
있다.[45]
- **소아마비**poliomyelitis(병원체: **poliovirus** = *Enterovirus C*): 앞서 언급된 루마의 「소

아마비 석비」는 소아마비에 대한 비교적 정확한 고고학적 증거로 여겨진다. 미라 검시를 통해 소아마비를 추정할 수 있는 경우로는 제19왕조 말기의 파라오 시프타Siptah(기원전 1194~1188년)를 들 수 있다. 사망 당시 약 16~25세 정도였을 것으로 추정되는 시프타의 안짱다리와 심하게 위축되고 변형된 왼발은 루마의 경우와 같이 소아마비에 대한 정황적 증거를 제시하고 있으나 유전적 기형의 가능성도 배제할 수 없다. 한편 의학 파피루스에서는 소아마비에 대한 그 어떤 언급도 찾아볼 수 없다.

• 천연두: 천연두는 잘 보존된 미라의 피부에 남겨진 흔적을 통해 그 존재를 파악할 수 있다. 신왕국 시대 제20왕조 람세스 5세Ramesses Ⅴ(기원전 1147~1143년)의 경우 미라의 얼굴 및 하복부에서 천연두의 농포로 보이는 흔적들이 발견되었으며 이로 인해 람세스 5세는 인류역사상(지금까지 확인된) 세계 최초의 천연두 환자로 알려지게 되었다. 그러나 미라에서 천연두 바이러스를 추출하지는 못했으며 따라서 람세스 5세의 농포가 오늘날의 천연두와 동일한 것이었는지를 파악하는 작업은 이루어지지 못했다. 한편 천연두는 앞서 언급한 것처럼 1979년 세계보건기구에 의해 박멸된 것으로 선언된 바 있다.

• 말라리아: 현재 전 세계 모기의 개체수는 110조 마리로 추정되며 이 중 말라리아는 얼룩날개모기속屬. *Anopheles*에 속하는 암컷 모기에 의해 전파된다.[46] 말라리아는 오늘날에도 매년 전 세계에서 2~3억 명이 감염되고 수백만 명이 사망하는 심각한 질병이다. 습지가 많은 고대 이집트의 경우 말라리아를 옮기는 모기의 개체수는 상당했을 것으로 추정되는데 그리스의 역사 저술가인 헤로도토스Ἡρόδοτος(기원전 484~425년)는 자신의 저서 『역사 Ἱστορίαι』에서 고대 이집트의 모기와 이

집트인들의 대처법에 대해 다음과 같이 묘사했다.

『역사』(2.95)

그들[이집트인들]은 그곳의 엄청나게 많은 모기떼에 다음과 같이 대처한다. 늪지대 남쪽에 사는 자들은 탑 모양의 높은 침실로 올라가 잠을 자는데, 그것은 큰 도움이 된다. 모기는 바람에 날려 높이 날지 못하는 것이다. 늪지대 주변에 사는 자들은 탑 모양의 방들 대신 다른 것을 생각해냈다. 그곳 사람들은 저마다 그물을 갖고 있었는데, 그들은 이 그물을 낮에는 물고기를 잡는 데 쓰지만, 밤에는 다른 용도로 쓴다. 말하자면 그들이 잠을 자는 침상 주위에 그물을 치고는 그 안에 들어가 잠을 자는 것이다. 외투나 아마포를 덮고 자는 것은 소용없는 짓이다. 모기들은 그것들을 뚫고 물기 때문이다. 그러나 모기들은 그물을 뚫고 물 엄두는 내지 못한다.[47]

고대 이집트의 의료 파피루스에서는 말라리아에 대한 언급을 찾아볼 수 없다.[48] 그러나 선왕조시대(기원전 5000~3000년경), 신왕국 시대(기원전 1550~1069년), 제3중간기 제25왕조(기원전 747~656년)의 미라의 피부 · 근육 · 폐 등에서 열대열원충의 존재를 확증하는 PTHrP-2 항원이 발견되었고[49] PCR을 이용한 PfCRT 유전자(열대열원충 클로로퀸-내성 수송체 유전자) 증폭을 통해 열대열원충의 DNA가 발견됨에 따라[50] 고대 이집트 시대에 말라리아가 풍토병이었는지 여부에 대한 오랜 논란은 종식되었다. 아울러 앞서 언급된 바 있는 투탕카멘 왕가 프로젝트에서 STEVOR, AMA1, MSP1 유전자에 대한 검사를 수행한 결과 투탕카멘과 유야Yuya, TT320-CCG61065 등 총 4구의 왕족 미라에서도

열대열원충의 DNA가 검출되었다.[51]

한편 2015년 아마르나 시대의 수도 텔 엘-아마르나의 남부 집단묘역에 대한 고고학적·고병리학적 분석이 이루어졌다. 아마르나 시대 말기 동시다발적인 집단 매장의 흔적이 발견되며 이들 매장흔적에 대한 패턴 분석, 유골의 신장 및 병변에 대한 인구통계학적 분석을 통해 기원전 1349~1332년 동안 말라리아의 유병률이 도시 인구의 약 절반을 감염시킬 만큼 높았을 것이라는 사실이 밝혀졌다.[52] 아울러 말라리아는 대개 결핵·이질 등을 동반하는데 이와 같은 소모성 질환은 특히 산모와 아동의 사망률을 높였을 것으로 추정된다.[53] 텔 엘-아마르나에서 유행했던 말라리아가 유행했다는 것은 상기 연구를 통해 어느 정도 규명되었으나 이 감염병이 히타이트와 같은 다른 서아시아로 전파되어 범유행을 유발했는지 여부는 불분명하다(보다 세부적인 내용은 '고대 서아시아 팬데믹의 정체' 참조).

- **흑사병**: 앞서 언급한 것처럼 흑사병은 인류 역사상 가장 유명한, 그리고 세계사의 흐름에 가장 큰 영향을 미친 감염병이다. 전체 흑사병 병형病型 중 약 90%를 차지하는 림프성/가래톳 흑사병의 경우 과거 고대 이집트에서는 비잔틴 제국 이후에 이집트에 유입되어 발병했다는 것이 학계의 정설이었다.[54] 그러나 『에베르스 파피루스』 197장에 언급된 증상, 즉 *jw ḥr.f bꜣg.f mj kḥw ḥp* "그의 심장이 (많이) 움직여서 숨이 헐떡이는 것처럼 피곤하고"(*p.Ebers*, § 197 = 39,3-4); *jw jr.n.f ḥzd* "그것[심장]이 케제드-종양을 만들어내고"(39,5); *jw.s [m] ḥwꜣ(t) ryt jw mdd ḥꜣyt* "그것이 질병을 억제하는 고름이 부패한 것이라면"(39,6) 등이 림프성/가래톳 흑사병에서 찾아볼 수 있는 종창과 같은 증상이라면 흑사병은 아랍 지배기(641~1517년)보다 훨씬 앞선 파라오

시대(기원전 2686~30년)에 이미 유행했을 것으로 추정된다.[55]

또한 최근 아멘호텝 4세/아켄아텐Amenhotep IV/Akhenaten(기원전 1352~1336년)에 의해 중부 이집트의 처녀지에 건설된 새로운 종교수도 아케트아텐Akhetaten, 즉 오늘날의 텔 엘 - 아마르나에 위치한 장인들의 집단 거주지에서 고양이 벼룩cat flea(학명: *Ctenocephalides felis*)과 사람벼룩 human flea(학명: *Pulex irritans L.*)의 흔적이 발견되었다. 쥐벼룩의 숙주인 이집트 토종 아프리카풀밭쥐Nile rat(학명: *Arvicanthis niloticus*)가 도시의 출현과 나일강의 범람에 따른 서식지 파괴 등으로 인간의 거주지로 유입되었을 것이라는 가정이 옳다면,[56] 당시 인구가 20,000~50,000명 정도로 추산되는[57] 텔 엘 - 아마르나에 아켄아텐 치세 말기 흑사병이 창궐했을 가능성도 배제할 수 없다.

끝으로, 앞서 언급된 바 있는 *rnpt j(ꜣ)dt* "역병의 해"에 대하여('고대 이집트 시대 감염병의 문헌학적 언급' 참조) 크리스티안 라이츠Christian Leitz(1960년~현재)는 이것이 매년 반복되는 범람 후의 감염병의 등장을 의미하는 것이 아니라 흑사병의 유행을 의미한다는 의견을 제시했다.[58] 그는 세크메트 여신이 쥐들과의 접촉을 엄격히 금지했으며 "역병의 해"가 역병을 퍼뜨리고 또 거두어들이는 권능을 가진 세크메트와 같은 신들의 상징인 화살을 통해 확산된다는 언급을 그에 대한 근거로 제시했다.[59] 그렇지만 이와 같은 주장은 모호하고 정황적이기 때문에 이와 같은 주장이 확증되기 위해서는 보다 구체적인 고고학적 · 문헌학적 증거가 요구된다.

감염병의 존재와 정황을 파악하는 데 있어 증거부족이나 보존의 편향성 등 여러 한계와 불확실성을 보이는 고고학적 증거 및 문헌학적 기록을 보완하는 데 큰 도움이 되는 미라 검시는 의학기술의 발전에 따라 단순한 부검 및 엑스선 검진에서 컴퓨터 단층촬영과 내시경술과 같은 보다 진보된 검진기법과 함께 유전자 검사 · 혈청학 · 분자생물학 등과 같은 병리학적 분석기법을 적용하는 단계에 이르렀고 이를 통해 고대 검체에 대한 보다 세밀하고 정확한 검사 및 분석이 가능해졌다. 이와 같은 진일보한 의학기술에 힘입어 고대 이집트인들이 주혈흡충 · 촌충 · 선모충 등과 같은 기생충의 숙주였으며 말라리아 · 천연두 · 소아마비와 같은 감염병에 노출되었다는 사실이 밝혀졌다. 아울러 결핵 · 흑사병과 같은 감염병에 대해서는 정황증거를 통해 그 존재 가능성을 조심스럽게 제시할 수 있게 되었다.

표 2 고대 이집트 파라오 시대의 주요 감염병

주요 감염병	감염병의 문헌학 · 고고학적 증거	비고
기생충 감염	미라 등에서 발견된 기생충의 알 혹은 낭포	
소아마비	분묘 및 석비 등에서의 묘사 · 미라의 안짱다리 등	루마 · 시프타
천연두	미라의 피부에 남겨진 농포의 흔적 등	람세스 5세
말라리아	미라에 대한 DfCRT 등과 같은 유전자 검사	투탕카멘 · 유야
흑사병	의학 파피루스에서의 언급 · 주요 매개동물(쥐 및 벼룩)의 흔적	

후기 청동기 시대
고대 서아시아의 범유행

후기 청동기 시대
고대 서아시아의 범유행

기원전 1500~1200년 고대 서아시아는 동서로는 이란 서부에서 에게 해에 이르기까지 남북으로는 아나톨리아에서 누비아에 이르기까지 국제적인 네트워크를 형성하게 되었다.[1] 히타이트(아나톨리아 중부) · 아르자와(아나톨리아 남부) · 알라시아(키프로스) · 미탄니(시리아 북부) · 바빌로니아(메소포타미아 남부) · 아시리아(메소포타미아 북부) · 이집트(북아프리카 동부) 등과 같은 당시의 강대국들은 소위 '강대국 클럽 Club of the Great Powers'을 형성하며 국제화를 주도했으며 근공원교近功遠交 정책을 착실히 시행했다(지도 1). 한편 이들 강대국의 완충지대에 위치한 중소 도시국가들은 주변 강대국의 부침에 따라 합종合縱하면서 생존을 도모했다. '제1차 세계화 시대'로도 부를 수 있는 이 시기의 정세와 실태를 가장 잘 보여주는 문헌자료 중 하나가 바로 「아마르나 외교서신Amarna Letters」이다.

「아마르나 외교서신」은 아켄아텐에 의해 건설된 새로운 종교수도였던 아케트아텐에서 발견된 외교서신을 말하는데 당시 국제 공용어였던 악카드어Akkadian로 작성된 약 350여 점의 설형문자 토판으로 이루어져 있다.

지도 1 기원전 1500~1300년 고대 서아시아 팬데믹 지도(감염지역은 검은 동그라미로 표시)

이들 외교서신은 이집트 정부가 당시 '강대국 클럽'에 속한 패권국가들과 자국의 영향력하에 있던 시리아-팔레스타인 지역의 도시국가와 주고받은 서신으로 구성되어 있으며 패권국가 간의 외교서신의 경우 왕실 간의 결혼과 외교관례에 따른 선물교환과 관련된 내용이 대부분이다. 반면, 이집트의 영향력하에 있던 도시국가와의 외교서신은 파라오에 대한 도시국가 왕의 충성서약·정세보고·원군요청 등과 같은 실무적인 내용이 대다수를 차지한다.

「아마르나 외교서신」 등에 언급된 고대 서아시아의 감염병

기원전 16~13세기의 국제정세를 반영한 「아마르나 외교서신」은 당시 이 지역에 유행했던 감염병을 파악하는 데 매우 유용한 문헌자료를 제공한다. 「아마르나 외교서신」 중 시리아-팔레스타인 지역에서의 감염병에 대한 언급이 포함된 서신은 다음과 같다.

표 3 「아마르나 외교서신」에 언급된 감염병

아마르나 외교서신		감염병에 대한 내용	비고
EA 11	바빌로니아의 왕 부르나부리 아쉬	부왕의 왕비가 감염병에 의해 사망	9-15행
EA 35	알라시아의 왕(미상)	감염병에 의해 왕비·구리 장 인들 사망	10-15행; 35-39행
EA 96	비블로스의 왕 립-하다	감염병으로 비블로스-수무르 간 통행 제한	1-17행
EA 244	메기도의 왕 비리디야	세켐에 의한 도시 포위 및 감 염병 보고	8-43행
EA 362	비블로스의 왕 립-하다	비블로스의 감염병이 종식되 었음을 보고	9-13행; 46-50행

현대적 분류체계에 따르면 「아마르나 외교서신」 중 1-44번 토판은 이 집트와 어깨를 나란히 했던 바빌로니아·아시리아·미탄니·아르자와· 알라시아·히타이트와 같은 강대국과의 외교서신으로 구성되어 있으며 (표4)[2] 나머지 45-380번 토판은 시리아-팔레스타인·레바논·가나안 등 이집트의 영향력 아래에 있던 소국들과 교환한 서신들로 이루어져 있다.[3] 이들 서신에 언급된 감염병의 정황은 다음과 같다.

표 4 기원전 1500~1300년 고대 서아시아 패권국가 군주들의 상대적 재위기간[4]

	미탄니	바빌로니아	아시리아	히타이트	이집트
1500년	파랏타르나				아멘호텝 1세
1450년					투트모세 3세
1400년	아르타타마 1세				
		가다쉬만-엔릴 1세			아멘호텝 3세
1350년	투쉬라타		아슈르-우발리트 1세		아켄아텐
		부르나부리아쉬 2세			
	샤티와자			수필룰리우아 1세	
		쿠리갈주 2세			
1300년				무르실리 2세	
			아다드-니나리 1세		
				무와탈리 2세	

「아마르나 외교서신」 96번 토판(EA 96 = VAT 1238: 1-17행)[5]

[a]-na ri-ib-^dIŚKUR │ DUMU-ia qi₂-bi₂-ma │ um-ma ¹LU₂.GAL

ERIN₂.[MEŠ A]D-ka-ma │ a-bi-ka DINGER.MEŠ-nu │ šu-lum-ka šu-

lum E₂-ka │ li-iš-al i-nu-ma │ taq-bu-u₂ la-a-mi │ an-ti-in-nu e-re-eb

│ LU₂.MEŠ ša URU ṣu-mu-ri^{KI} │ [a-na] URU.KI-ia mu-ta-nu-mi │

i-na URU ṣu-mu-ri^{[KI]} │ mu-ta-nu-u₂ m[uḫ-ḫi] │ LU₂.MEŠ-u₂ u₃ i-na

[muḫ-ḫ]i │ ANŠE.MEŠ ma-an-nu mu-[ta]-nu │ muḫ-ḫi ANŠU.MEŠ

[i]-nu-[ma] | la-a ta-la-ku-[na] | ANŠE.MEŠ u₃ u₂-ṣ[u₂-ur]

"립-하다, 내 아들에게 이르라: 너의 아버지의 전언. 너의 (수호)신이 너와 너의 가정을 돌보시기를. 네가 말한, '저는 수무르의 사람들이 제 도시로 들어오는 것을 허락하지 않을 것입니다. 수무르에는 역병이 돌고 있습니다'에 대하여, 역병이 사람에 대한 것이냐, 당나귀에 대한 것이냐? 어떤 역병이 당나귀에 영향을 미쳐 그들을 걷지 못하게 하느냐?"

「아마르나 외교서신」 96번 토판은 비블로스 Byblos(페니키아어: 𐤂𐤁𐤋)의 왕 립-하다 Rib-Hadda 가 수무르 Sumur(히브리어: צְמָר)를 보호국으로 통치하고 있는 상황에서 작성된 것이다.⁶ 이 서신을 통해 수무르 지역에 *mūtānu(m)* "역병"이 발생했고 이 때문에 수무르의 주민들은 이웃한 비블로스에 들어갈 수 없었으며 상인들은 당나귀를 운송수단으로 사용할 수 없었다는 사실을 알 수 있다. 그러나 이 감염병이 사람에 대한 것인지 당나귀에 대한 것인지 아니면 인수공통 감염병인지는 확정할 수 없다.

한편 같은 왕이 파라오 아켄아텐에게 보낸 362번 토판(EA 362 = AO 7093)은 역병 자체가 아니라 역병에 대한 상반된 정보를 바로잡는 취지로 작성된 것이다. 당시 비블로스와 대립하고 있던 아무루 Amurru 의 왕 아지루 Aziru 가 아켄아텐에게 비블로스에 감염병이 유행하고 있다고 보고하자 립-하다는 감염병은 오래전에 끝났다고 파라오에게 보고하며 궁수로 구성된 원군을 보내줄 것을 요청한다. 이 감염병은 아마도 앞서 96번 토판에서 언급된 것과 동일한 "역병"이었을 것으로 추정된다.

「아마르나 외교서신」 244번 토판(EA 244 = C 4768 (12200): 1-8행; 30-43행)⁷

a-na šar₃-ri EN-ia | u₃ ᵈUTU-ia qi₂-bi₂-ma | um-ma ⁱbi-ri-di-yi | IR₃ ša ki-it-ti ša | šar₃-ri a-na 2 GIR₃.MEŠ šar₃-ri | EN-ia u₃ ᵈUTU-ia |

7-šu u₃ 7-ta-a-an | am-qu₂-ut-mi₃ li-de-mi₃ ... ... |⁽³⁰⁾ šum-ma-mi₃ ga-

m-ra-at-mi₃ | URU.KI i-na BA.UŠ₂ | i-na mu-ta-a-an | i-na dab₂-

ri u₃ lu-u₂ | li-di-nam-mi šar₃-ru | 1 me LU₂.MEŠ ma-an-ṣa-ar-ta₅ |

a-na na-ṣa-ri URU.KI-šu | la-a-mi₃ yi-iṣ-bat-ši |⁽¹¹⁾la-ab-a-yu šum-

ma-mi₃ | i-ia-nu pa-ni-ma | ša-nu-ta₅ i-na | ¹la-ab-a-yi | ṣa-ba-at-

mi₃ URU ma-gid₆-daᴷᴵ | yu-ba-a₂ ʾ-u₂

"제 주이시며 태양신이신 왕께 말하시오. 왕의 충직한 종 비리디야가 이
릅니다: 저의 주이시며 태양신이신 왕의 두 발아래 저는 일곱 번에 또
일곱 번을 엎드리나이다. ... ... 이 도시[메기도]는 역병과 윤질輪疾로 황
폐해졌사오니 왕께서는 100명의 주둔군으로 그[파라오]의 도시를 방비
하게 하시옵고 그리하여 랍아유가 이 도시를 장악하지 못하게 하시옵소
서. 랍아유는 다른 의도는 없습니다. 그는 메기도의 파괴를 도모할 뿐이
옵니다."

「아마르나 외교서신」 244번 토판은 고대 이집트의 영향력하에 있던 팔
레스타인 지방의 또 다른 도시국가 메기도Megiddo의 왕 비리디야Biridiya
가 팔레스타인 내륙 가나안에 위치한 세켐Shechem(히브리어: שְׁכֶם)의 왕 랍
아유Lab'ayu에 의해 포위당했다는 사실을 파라오에게 보고하는 서신이
다. 비리디야는 메기도가 내우외환內憂外患, 즉 이웃 국가의 공격과 감염병
에 처해 있음을 알리고 이집트의 주둔군을 시켜 메기도를 방어해줄 것을
요구한다. 이 서신에서는 *mūtānu(m)* "역병"(32행)과 *dab₂-ri > *dabru(m)*
"윤질"(33행)이 동시에 사용되었는데 두 번째 단어를 윤질, 즉 돌림병 등으
로 볼 것인가에 대해서는 다양한 의견이 제시되었으나 히브리어 דֶּבֶר "역

병"의 병치로 보는 것이 가장 타당한 것으로 보인다.[8]

「아마르나 외교서신」 35번 토판(EA 35 = BM 29788: 1-5행; 10-15행; 35-39행)[9]

[a-na š]ar₃-ri KUR mi-iṣ-ri ŠEŠ-ia qi₂[-bi₂-ma] | [um-ma] LUGAL

KUR a-la-ši-ia ŠEŠ-ka-ma | [a-na] UGU-ia šul-mu E₂.MEŠ-ia

DAM.<MEŠ>-ia DUMU.MEŠ-ia | [LU₂].GAL.GAL.MEŠ-ia ANŠE.

KUR.RA.MEŠ-ia GIŠ.GIGIR.MEŠ-ia u₃ i-na | lib₃-bi KUR.MEŠ-

ia dan-niš₂ lu-u₂ šul-mu u₃ a-na UGU ŠEŠ-ia ... ... |⁽¹⁰⁾ e-nu-ma a-na

UGU-ka 5 me-at URUDU ul-te-bi-la-ak-ku | a-na šu-ul-ma-ni ša

ŠEŠ-ia ul-te-bi-la-ak-ku | a-ḫi ki-i ṣe-ḫe₂-er URUDU i-na lib2-bi-

ka la-a i-ša-ki-in | šum-ma i-na KUR-ia ŠU-ti dMAŠ.MAŠ EN-li-ia

gab₂-ba | LU₂.MEŠ ša KUR-ia i-du-uk u₃ e-pi₂-iš URUDU ia-nu | u₃

ŠEŠ-ia i-na lib₂-bi-ka la-a <i>-ša-ki-in ... ... |⁽³⁵⁾ a-ḫi i-na lib₂-bi-ka

la-a <i>-ša-ki-in ki-i | LU₂.DUMU.KIN-ka 3 MU.MES as-bu i-na

KUR-ia | aš-šum ŠU-ti dMAŠ.MAŠ i-ba-aš-ši i-na KUR-ia | u₃ i-na

E₂-ia DAM-ia TUR i-ba-aš-ši | ša-a mi-it i-na-an-na ŠEŠ-ia

"내 형제인 이집트 땅의 왕에게 말하시오, 알라시아 땅의 왕 그대의 형
제가 (이릅니다). 나는 무탈하네. 내 왕궁과 아내들, 아들들, 조신朝臣들,
말들, 전차들, 내 영토에 있는 모든 것이 무탈하네. ... ... 나는 그대에게
500(달란트의) 구리를 보냈네. 내 형제에 대한 외교선물로 내가 그것을 그
대에게 보냈네. 내 형제여 구리의 양이 적은 것에 대하여 괘념하지 마시
게. 보시게, 나의 주이신 네르갈의 손이 내 나라에 있네. 그가 내 나라에
있는 모든 사람을 치셨고 그 결과 구리 장인들이 없어졌네. 그러니 내
형제여 이것에 괘념하지 마시게. ... ... 내 형제여, 그대의 사신使臣이 내

나라에 3년간 머무르고 있는 것에 대하여 괘념하지 마시게. 이는 네르갈의 손이 내 나라에 있고 내 집에 있어 내 젊은 아내마저 죽었기 때문이네."

「아마르나 외교서신」 35번 토판은 신원이 밝혀지지 않은 알라시아 Alashiya 의 왕이 파라오에게 보낸 서신이다. 여기서 알라시아의 왕은, *aš-šum ŠU-ti ᵈMAŠ.MAŠ i-ba-aš-ši i-na KUR-ia* "내 나라가 네르갈의 손에 있으므로"라고 말하는데(35-39행) 이는 감염병이 광범위하게 유행했다는 것을 암시한다.[10] 일반적으로 서아시아에서 유행병은 종종 *ŠU-ti ᵈMAŠ.MAŠ* "네르갈의 손"으로 언급된다. 여기서 수메르어 신명 *ᵈMAŠ.MAŠ*은 네르갈 Nergal 혹은 레쉐프 Resheph(페니키아어: ךשׁﬧ; 히브리어: רֶשֶׁף)로 해석된다.[11]

네르갈은 메소포타미아 대기의 신이자 신들의 왕인 엔릴 Enlil 과 닌릴 Ninlil 의 아들이며 지하세계를 다스리는 명계의 여왕 에레쉬키갈 Ereshikigal 의 배우자로서 명계의 신이자 역병의 신이며 산불의 신이기도 하다. 죽음과 밀접한 관련이 있는 신으로서 언월도 scimitar 와 하나 혹은 한 쌍의 사자 머리가 달린 권장權杖, scepter 을 지물持物로 쥐고 있는 모습으로 묘사된다.[12] 이후 미탄니와 히타이트에서 네르갈은 아플루 Aplu 로 불렸는데 이것은 악카드어 *apal Ellili* "엔릴의 아들"에서 파생된 신명이다. 히타이트의 수필룰리우마 1세 치세에 감염병이 히타이트로 퍼졌을 때 아플루는 역병의 신으로서 탄원의 대상이 되었다.

레쉐프는 에블라 Elba · 가나안과 같은 서부 셈족, 그리고 페니키아의 우가리트 Ugarit 에서 역병의 신이자 전쟁의 신으로 숭배되었으며 대개 네르갈과 동일시되었다. 레쉐프는 셈족 중 하나인 힉소스족이 이집트 북부를 지배하던 제2중간기 이후 이집트로 유입되어 멤피스 Memphis 를 비롯한 이집트 전역에서 숭배되었다.[13] 「아마르나 외교서신」 35번 토판과 관련하여 키프로스의 토착신인 레쉐프 – 미칼Resheph-Mikal 이 퍼뜨리는 역병은 화살로 표상되는데 이것은 활을 쏘아 역병을 퍼뜨리는 그리스의 아폴론 Απόλλων /아폴로Apollo 와 키프로스의 레쉐프 – 미칼과 동일시되었다는 것을 의미한다.[14]

한편 "신의 손"이 신의 권능을 의미하는 것은 고대 서아시아뿐만 아니라 인류가 공유하고 있는 공통적인 심성이라 할 수 있다. 고대 이집트의 경우 신왕국 시대 제19왕조 람세스 2세 치세에 작성된 한 개인서신에서 발신자는 자신의 상황을 다음과 같이 담담하게 기술한다(p.Leiden I 369, rt. 5-6).: y3 tw.j ʿnḫ.(w) m p3 hrw / dw3 ḥr ʿw(j) p3 nṯr "그래, 오늘 나는 살아 있다. (그러나) 내일은 신의 손안에 있다." 여기서 *ḥr ʿwj dN 혹은 *m ḏrt dN "~신의 손안에 있다"는 표현은 참회 당사자가 철저하게 신의 처분에 맡겨져 있다는 것을 의미한다. 아울러 왕가의 계곡을 건설했던 장인들의 집단 거주지인 데이르 엘 – 메디나에서 발견된 봉헌석비에서 *m33 kkw m hrw "낮에도 어둠을 보는seeing darkness by day" 신의 징벌(= 일시적 실명)을 받게 된 장인 네페르아부Neferabu 는 자신이 제작한 참회석비 「영국박물관 석비 589번」에서(6행), dj.f wnn.j mj jwjw n jwyt / jw.j m ḏrt.f "그분[프타]께서는 내가 그의 손안에 있을 때 나를 길거리의 개처럼 만드셨다"고 고백하는데 [15] 이처럼 이집트에서 "신의 손안에 있다"는 것은 신의 섭리에 따른 특별한 상황 – 특히 장애 및 질병 – 에 직면했다는 것을 의미한다.

고대 메소포타미아의 경우 앞서 잠시 언급된 「마리 서신 10.129」와 마찬가지로('고대 이집트 시대 감염병의 문헌학적 언급' 참조) 야스마흐 – 앗두Yasmah-Addu(기원전 1795~1775년)와 짐리 – 림 치세에 작성된 「마리 서신 26.259 = A.675」에서는 다음과 같은 문구가 등장한다(5-8행).: aš-šum u₂-ku-ul-ti

AN-lim | [*š*]*a be-li₂ iš-pu-ra-am* | *i-[n]a tu-ut-tu-ul^{KI}* | *mu-[u]r-ṣa-nu-ma mu-tum wa-qa-ar* "제 주[야스마흐–앗두]께서 제[라움]게 쓰신, 신의 역병에 관하여서는 툿툴에서는 질병이 발생했습니다. (그러나) 죽는 경우는 드무옵니다."[16] 여기서 *u₂-ku-ul-ti AN-lim* > *ukulti ili(m)* "신의 역병"은 "신께서 삼키시는 것devouring of a god"으로 직역이 가능한데 이것은 역병을 신의 의지에 따른 일종의 "소진consumption"으로 본 것으로 추정된다.[17]

동일한 감염병에 대한 또 다른 보고서인 「마리 서신 26,260 = A.2229+ M.11478」에서는 *qa-at AN-lim* > *qāt ili(m)* "신의 손"이 직접 역병을 의미한다(1-15행).

a-na be-li₂-[ia] | *ki₂-bi₂-mᶜ* | *u[m]-ma la-u₂-um* | *IR₂-ka-[a]-ma* |(5) *qa-at AN-li]m [a-n]a a-a[h p]u-ra-at]-tim* | *u₃ [ma-tim ka-li-ša i]t-tu-uh* | *u₂-ul [u₂-la-ap-p]i₂-it u₄ 1-kam* | *10 LU₂.MEŠ 5 LU[TUR.MEŠ i-mu-tu]* | *i-na-an-na qa-at [AN-lim i-nu-uh]* |(10) *i-na u₄ 1-kam 1 LU₂ [u₂-ul i-mu-ut]* |*AN-lum i-sa-li-im [te-re-tim]* | *a-na ku-ru-ul-li-im [qa-ba-ri-im]* | *u₂-še-pi₂-iš-ma wa-a[r-ki tup-pi₂-a an-ni]-im* | *øe₄-ma-am ga-am-ra-am [a-na ṣe-er]* |(15) *be-li₂-ia a-sa-pa-ra[am]*

"제 주께 말하시오. 그대의 종 라움이 이릅니다: 신의 손이 유프라테스 강둑에서 누그러졌고 [... ...] 그것은 더 이상 퍼지지 않았습니다. (과거에는) 하루에 10명의 사내와 5명의 아이가 [죽었습니다]. 이제 [신의] 손은 잠잠해졌고 하루에 1명도 [죽지 않습니다]. 신께서는 평안하십니다. 저는 시신 더미를 매장하는 것에 대해 간점肝占, extispicy을 행했고 [제 이 토판](을 보낸) 다음에 제 주께 상세한 보고서를 보내겠습니다."[18]

이처럼 「마리 서신」에서도 "신의 손"은 역병을 의미한다. 아울러 우가
리트에서 출토된 「라스 샴라 문헌」^{Ras Shamra Archive} 중 전쟁과 함께 감염
병의 상황을 묘사한 토판(KTU 2.10 = CTA 57 = UT 101)에서도 *yd ilm* "신의 손"
은 "역병", 그리고 *mt* = *môtu* "죽음"을 의미한다.[19]

다시 「아마르나 외교서신」 35번 토판으로 돌아와서, 알라시아의 왕은
파라오에게 알라시아 사람 하나가 이집트 땅에서 사망했는데 그의 재산
은 이집트에 있지만 그의 가족은 알라시아에 있으니 그 사람의 재산을
알라시아의 사신을 통해 돌려달라고 요청하고 있다(35-39행). 여기서 알라
시아인의 재산은 아마도 그가 여행경비로 사용하기 위해 가지고 다녔던
은·구리와 같은 금속으로 추정되는데 주목할 점은 감염병이 유행하는
알라시아에서 이집트로 건너간 사람이 이집트에서 사망했다는 사실이다.
「아마르나 외교서신」 35번 토판은 아켄아텐 치세 말기에 작성된 것으로
추정되며,[20] 따라서 알라시아 등지에서 창궐하던 감염병이 이 시기 이집트
로 전파되었을 가능성 역시 배제할 수 없다.

「아마르나 외교서신」 11번 토판(EA 11 = VAT 151 + 1878: 1-15행)[21]

a-na ^I*na-ap-ḫu-ru-r[e-a] šar₃ KUR mi-iṣ-ri-i ŠEŠ[-ia qi₂-bi₂-ma]* |

um[-ma ^I*bur]-na-bu-[ri-]ia-aš šar₃ KUR ka-ra-du-ni-i[a-aš]* | *a-[na*

ia-a-ši šu-u]l-mu a-na ka-a-ša DAM.MEŠ-ka E₂[-ka DUMU.MEŠ-

ka] | *a[-na ANŠE.KUR.RA.MEŠ-]ka GIŠ.GIGIR-ka da-an-ni-iš lu*

[šu-ul-mu] |⁽⁵⁾ *[ul-tu aš-ša-at a]-bi-ka qu-ub-ba-tu₄* ^I*ḫu-ʾ-a DUMU*

š[i-ip-ri-ia] | *[u₃* ^I*mi-ḫu-ni ta-ar-g]u-ma-na al-ta-ap-ra[-ak-ku]* |

[a-ka-an-na al-t]a-ap-ra um-ma-a DUMU.MUNUS LUGAL ša [...

...] | *[a-na a-bi-ka il-]qu-ni ša-ni-ta-am-ma li[-il-qu-ni-ku]* | *[u₂ at-ta*

ḫa-a-ma-aš-]ši DUMU [ši]-ip-ri-i-ka u₃ ʾ[… …] |⁽¹⁰⁾ *[u₃ lmi-ḫu-ni ta-ar-gu-ma-an-na] ta-al-ta-a[p-ra]* | *[um-ma-a aš-ša-at a-bi-]ia qu-ub-ba-a-tu₄ a[n-na-a-tu₄]* | *[… … aš-]ša-tu₄ an-na-a-tu₄ ša [… …]* | *[… … a]-mi-il-ta ša-a-ši a[-… …]* | *[… … i-n]a mu-ta-ni mi-ta-[at … …] iš-ši* | *[a-ka-an-na al-ta-ap-]ra um-ma-a a-mi-il-ta ša-a[-ši li-il-qu-ni-ku]*

"내 형제인 이집트 땅의 왕, 납후루[레아]에게 [말하시오], 카라두니[아 쉬] 땅의 왕 [부르]니부리아쉬 [그대의 형제]가 (이릅니다). [나]는 [무탈 하네]. 그대[아켄아텐]와 그대의 아내들, [그대의] 가솔들, [그대의 아 들들], 그리고 그대의 말들, 그대의 전차들이 모두 [무탈]하기를. 그대 의 부왕[아멘호텝 3세]의 [왕비]에 대한 애도의식 후 나는 그대에게 나 의 [사신] 후아와 [통역관 미후니]를 보냈네. 나는 [다음과 같이 썼네]. '[… …] 공주를 그들이 그대의 부왕께 데리고 갔네. [그들이] 다른 공주 를 그대에게 [데리고] 가게 하세.' 그리고 그대는 그대의 사신 [하아마쉬] 시 [… …] 통역관 미후니를 보내어 다음과 같이 말했네 '애도의식이 치러 진 [내 부왕의 왕비] [… 그 여성 …] 역병으로 사망했네.' [그리하여 나는] '[그] 여인[을 그대에게 데려가기를]'이라고 썼네."

「아마르나 외교서신」 11번 토판은 바빌로니아의 왕 부르나부리아쉬 Burnaburiash 가 아켄아텐에게 보낸 서신으로서 이집트 왕가와 정혼한 바 빌로니아 공주의 의전에 관한 문제를 다루고 있다. 이 서신 초반에서(9-15 행) 아켄아텐은 부왕인 아멘호텝 3세의 외국 출신 왕비 중 한 명이 감염병 으로 사망했다는 것을 부르나부리아쉬에게 확인시켜 주었다.²² 당시 외교 관례에 따르면 파라오가 사망할 경우 외국 출신의 왕비는 그다음 계승자와 결혼하여 양국 간의 동맹을 갱신해야 했으며 만일 전대 파라오의 왕비였던 외국 출신의 왕녀가 사망할 경우 새롭게 왕위에 오른 파라오는 해당 국가에 또 다른 왕녀를 요청할 수 있었다. 이 서신에서 부르나부리아쉬는 이집트에 새로운 왕녀를 보내는 문제에 대해 이야기하고 있다. 이 서신을 통해 아켄아텐 치세에 궁정의 왕녀가 감염병으로 사망했다는 것을 알 수 있으며 이는 앞서 알라시아의 관리가 이집트에서 사망한 것처럼 이집트 왕궁도 당시 시리아-팔레스타인에 유행하던 감염병으로부터 안전하지 않았다는 사실을 암시한다.

지금까지 살펴본 「아마르나 외교서신」에 언급된 상황을 통해 수무르·비블로스·알라시아·메기도·이집트에 감염병이 전파된 것으로 보인다. 그 시기는 신왕국 시대 제18왕조 중반 소위 "일신교 혁명"으로 알려진 태양신 아텐Aten 의 배타적인 숭배가 강압적으로 진행되었던 아마르나 시대Amarna Period 의 절정기인 아켄아텐 치세 12년으로 추정되는데 당시 텔 엘-아마르나를 방문한 서아시아의 외교 사절단에 의해 시리아-팔레스타인 지역의 감염병이 이집트로 전파되었을 가능성이 가장 크다.[23] 실제로 아켄아텐의 왕모인 티예Tiye 와 왕비 네페르티티 Nefertiti, 후궁이자 투탕카멘의 어머니인 키야Kiya, 그리고 아켄아텐의 6명의 딸들 중 4명, 즉 메케트아텐 Meketaten · 메리타텐 Meritaten · 세테펜레 Setepenre · 네페르네페루레 Neferneferure 이 아켄아텐 치세 13~17년 사이에 사망했는데[24] 이처럼 짧은 기간에 고대 이집트에서 가장 우수한 의료 서비스를 받을 수 있었던 왕실 구성원 중 상당수가 갑작스럽게 사망한 것은 감염병의 창궐 가능성을 강력하게 시사한다.

"히타이트 역병Hittite Plague"의 기원

기원전 1327년 투탕카멘이 사망한 후 그의 왕비였던 앙케센아문은 당시 이집트의 적국이었던 히타이트 신왕국의 수필룰리우마 1세에게 다음과 같은 서신을 보냈다(KBo, V6, A ii: 10-15행).

> *nu-uš-ši ki-iš-ša-an IŠ-PUR LU₂-aš-wa-mu-kan₂ BA.BAD | DUMU-IA-ma-wa mu NU GAL₂ tu-uk-ma-wa DUMU.MEŠ-KA | me-eg-ga-uš me-mi-iš-kan₂-zi ma-a-an-wa-mu | 1-an DUMU-KA pa-iš-ti ma-an-wa-ra-aš-mu ᴸᵁ²MU-TI-IA ki-ša-ri | IR₃-IA-ma-wa nu-u-wa-a-an pa-ra-a da-aḫ-ḫi | nu-wa-ra-an-zu-kan₂ ᴸᵁ²MU-TI-IA i-ia-mi te-ek-ri-[w]a na-aḫ-mi*

"제 남편은 죽었습니다. 저는 아들이 없습니다. 그러나 당신[수필룰리우마 1세]에게는 아드님이 많다고 합니다. 아드님 중 한 명을 저에게 주시면 그는 제 남편이 될 것입니다. 결코 제 종 중 하나를 골라 그를 남편으로 삼지는 않을 것입니다. …… 저는 두렵습니다."[25]

이 서신에서 앙케센아문은 이집트에서는 자신과 결혼하여 파라오가 될 남성 후계자가 없으며 자신은 왕족이 아닌 다른 궁인들과 결혼할 의사는 없으므로 히타이트의 왕자 중 한 명과 결혼하여 이집트의 왕위를 잇겠다는 실로 대담한 구상을 밝혔던 것이다. 이것은 물론 당시 고대 서아시아의 외교관례에서는 전례가 없었던 파격적인 사건이었다.

앙케센아문의 이 대담한 서신과 관련한 내용은 『수필룰리우마의 치적 Deeds of Suppiluliuma』 중 「일곱 번째 토판」(Fr. 28A = KBo V6 = BoTU 41)에 기록되어 있다.[26] 1920년대부터 점진적으로 수집되기 시작하여 1931년부터 본격적으로 학계에 알려지기 시작한『수필룰리우마의 치적』은 히타이트 제국의 수도였던 핫투샤Hattusa, 즉 오늘날의 보가즈쾨이 Boğasköy 의 뷔위칼레 Büyükkale 왕궁지역에서 발굴된 토판들로 구성되어 있는데 이 토판들은 수필룰리우마 1세의 아들인 무르실리 2세Mursili II(기원전 1267~1237년)가 부왕의 치적을 기념하기 위해 작성한 것으로 알려져 있다.『수필룰리우마의 치적』에서 사망한 이집트 왕의 이름은 ^{m}ni-ip-ḫu-ru-ri-ia-aš "닙쿠루리야 Nipkhururiya"로 기록되어 있는데 이것은 투탕카멘의 즉위명 throne name nb-ḫprw-rᶜ "넵케페루레 Nebkheperure"를 지칭하는 것이 거의 확실하다. 서한을 보낸 LU₂.MEŠ KUR ^{URU}mi-iz-ra-ma "이집트의 왕비"는 ^{SAL}da-ḫa-mu-un-zu-uš "다하문주dakhamunzu로 알려져 있는데 이것은 이집트어의 정관사 – 일반명사 조합인 tȝ ḥjmt-nswt "왕비"를 단순히 음역한 것으로 보인다. 이와 같은 정황을 고려할 때 이 "이집트의 왕비"에 대해서는 아켄아텐의 정비였던 네페르티티 · 메리타텐이 거론되지만 앙케센아문일 가능성이 가장 높다.

한편 이 서신을 접한 수필룰리우마 1세는 전례가 없는 이런 제안에 대해 미심쩍은 반응을 보였으며 혹시라도 이것이 당시 카데쉬Qadesh · 암쿠Amqu 등지에서 시리아 북부 – 레바논 지역의 주도권을 두고 전쟁 중이었던 이집트가 히타이트의 왕자를 인질로 만들려는 음모는 아닌지 의심했다. 왕은 의전관 하투샤지티Hattushaziti를 이집트로 보내 실상을 파악하게 했으며 하투샤지티는 이집트의 전령 하니 Hani 와 함께 앙케센아문의 두 번째 서신을 가지고 히타이트로 귀국했다. 이 두 번째 서신에서 앙케센아문은 더욱 강력한 어조로 왕자를 보내줄 것을 재차 요청했다. 이에 수필룰리우마 1세는 약 90일 후 자신의 아들 중 한 명인 잔난자Zannanza를

고대 중근동의 팬데믹_문명의 어두운 동반자

이집트로 보냈으나 잔난자는 이집트의 국경을 넘기 전 혹은 직후에 살해되었다.

당시 이집트는 투탕카멘의 총리대신을 역임하다 그의 왕위를 계승한 아이 Ay(기원전 1327~1323년)가 통치하고 있었으므로 잔난자가 당시 시리아-팔레스타인을 통과하면서 그 지역에 창궐했던 감염병으로 인해 사망한 것이 아니라면 그를 살해한 인물은 아이 그리고/혹은 투탕카멘 이후 이집트 군부를 장악하고 있었던, 그리고 아이 사후 그의 뒤를 이어 왕좌에 오른 호렘헵 Horemheb(기원전 1323~1295년)이었을 것으로 추정된다. 그리고 수필룰리우마 1세는 잔난자가 병사한 것이 아니라 이집트인들에 의한 살해된 것이라고 확신했다.[27]

『수필룰리우마의 치적』 중 「일곱 번째 토판」 (Fr. 31 = Bo 4543 + 9181: 5-11행)[28]

[... ... u]-ni TUP-PA u₂-te-er nu ki-iš-ša-an me-mi-r [... ... | ᴹza-an-na-an-za-a]n ku-en-nir nu me-mi-an u²-te-er ᴹza-an-na-an-za[-aš-wa BA.BAD(?)] | [ma-aḫ-ḫa-an-ma] A-BU-IA ŠA ᴹza-an-na-an-za ku-na-a-tar iš-t[a-ma-aš-ta] | an-aš ᴹza-an-na-a]n-za-an u₂-e-eš-ki-u-an da-iš A-NA DINGIR.M[EŠ-ia- ... | ... ki-iš-š]a-an me-mi-iš-ki-it DINGIR.MEŠ am-mu-uk[-wa ... ... U₃-UL] | [ku-it-ki i-d]a-a-u-wa-aḫ-ḫu-un LU₂.MES ᵁᴿᵁmi-iz-za-ma-wa-mu] | [a-pa-a-at i]-e-er nu-wa-mu ZAG KUR-IA [wa-ak-aḫ-ḫi-ir]

그들이 이 토판을 가지고 왔을 [때] 그들이 이르기를, "[이집트(?) 사람들이 잔난자를] 시해했사오며 전언하기를, '잔난자가 [사망했다(?)]' 했나이다. 그러자 내 아버지께서 잔난자의 시해에 대해 들으[셨을 때], 그는 [잔난]자를 위해 애곡하셨으며 신들[에게 ... ... 다음]과 같이 말씀하시기를, '오

신들이시어! 저는 [악]을 행하지 [않았으나] 이집트 사람들이 [제게 이런 짓을 행했]습니다. 그리고 그들은 (또한) 제 국경을 [공격했습니다]!"

수필룰리우마 1세는 잔난자의 시해와 국경에서의 분쟁에 대한 보복조치로 이집트 국경지대인 암카를 공격했고 어느 정도 승리를 거둔 것으로 보인다. 『역병에 대한 무르실리 2세의 기도Plague Prayer of Mursili II』 중 「두 번째 기도」에 따르면(KUB 14.8 = KUB 14.10 + KUB 26.86; CTH 378.2, §§ 4-5) 이들 이집트 전쟁포로들은 히타이트의 수도로 압송되었으며 수도에 도착한 후 감염병으로 죽기 시작했다. 그리고 감염병은 히타이트인들을 감염시켰으며 이들 또한 감염병에 의해 사망하기 시작했으며 수필룰리우마 1세와 그의 후계자였던 아르누완다 2세Arnuwanda II(기원전 1322~1321년) 등 지배자들 역시 감염병에 의해 사망했다. 그 결과 왕좌는 수필룰리우마 1세의 막내아들인 무르실리 2세에 의해 계승되었다. 무르실리 2세는 이집트에서 전파된 감염병이 자신이 즉위한 이후에도 사라지지 않고 지속되는 것을 한탄하면서 풍우신 하티Hatti 에게 다음과 같이 탄원한다.[29]

『역병에 대한 무르실리 2세의 기도』 중 「두 번째 기도」(KUB 14.8 = CTH 378.2, §1)

^{D}IM ^{URU}ha-at-ti BE-LI$_3$-YA U$_2$ DINGIR^{MEŠ} ^{URU}ha-at-ti BE-LU^{MEŠ}-YA
u-i-ya-at-mu ^{M}mu-ur-si-li-is su-um-me-e-el ARAD-KU-NU | i-it-wa
A-NA ^{D}IM ^{URU}Ha-at-ti BE-LI$_3$-YA U$_3$ A-NA DINGIR^{MEŠ} BE-LU^{MEŠ}-YA
ki-is-sa-an me-mi: | ki-i-ma ku-it i-ya-at-ten | nu-wa-kan I-NA ŠA$_3^{BI}$
KUR ^{URU}ha-at-ti hi-in-kan tar-na-at-ten | nu-wa KUR ^{URU}ha-at-ti hi-
in-ga-na-az a-ru-um-ma me-ek-ki ta-ma-as-ta-at | nu-wa PA-AN
A-BI-YA PA-AN SES$_2$-YA ak-ki-is-ki-ta-at | ku-it-ta-ya-wa-az am-mu-

uk A-NA DINGIR^MEŠ ki-is-ha-at nu-wa ki-nu-un-ma am-mu-uk pe-ra-an ak-ki-is-ki-it-ta-ri: | ka-a-as MU.20.KAM ku-it-kan I-NA ŠA₃ KUR ^URUha-at-ti ak-ki-is-ki-it-ta-ri | nu-kan IS₂-TU KUR ^URUha-at-ti hi-in-kan ar-ha U₂-UL-pat ta-ru-up-ta-ri | am-mu-uk-ma-az SA₃-az-ma la-ah-la-ah-hi-ma-an U₃-UL tar-ah-mi NI₃.TE-az-ma-za pit-tu-li-ya-an nam-ma U₃-UL tar-ah-mi

오 제 주인이신 하티의 풍우신이시여, 그리고 제 주인이신 하티의 신들이시여, 그대의 종인 무르실리가 저[왕실 서기관]를 보내시어 제 주인이신 하티의 풍우신과 신들에게 아뢰옵게 하니, 당신께서 행하신 이것이 무엇이옵니까? 이제 하티 땅 안에 당신께서는 역병을 풀어놓으셨습니다. 그리하여 하티 땅은 역병에 의해 크고 쓰라린 학대를 당했습니다. 저의 부왕[수필룰리우마 1세]과 저의 형님[아르누완다 2세] 면전에 끊임없는 죽음이 있었습니다. 이제 제가 신들 앞에 서니(최고위 신관이 되니) 제 면전에 끊임없는 죽음이 있습니다. 보소서, 20년간 하티 땅 안에서 사람들은 계속 죽어갔습니다. 하티 땅으로부터 역병은 결코 없어지지 않을 것입니까? 저는 근심을 제 마음으로부터 떨쳐낼 수 없습니다. 저는 제 영혼으로부터 비통함으로 떨쳐낼 수 없습니다.

결론적으로, 알라시아와 시리아-팔레스타인 등지에서 유행하던 감염병은 이들 지역의 사신 및 사절단을 통해 이집트로 유입되었고 다시 이집트와 히타이트 간의 전쟁을 통해 히타이트 본토로 전파된 것으로 추정된다. 그러나 이와 같은 추정이 문헌학적·고고학적 증거를 통해 완벽하게 확정될 수는 없다. 따라서 이후 추가적인 연구를 통해 비정批正될 가능성은 있으나 일단 현재로서는 「수무르-비블로스-알라시아-이집트-암카-히타이트」로 이어지는 감염경로를 상정想定해 볼 수 있겠다.[30] 그렇다면 무르실리 2세가 신들에 대한 기도에서 언급한 *hi-in-kan* > *hinkan* "역병"의 정체는 무엇일까?

고대 서아시아 팬데믹의 정체

후기 청동기 시대 서아시아 문헌에서 사용된 하나의 어휘 – 즉, 이집트어의 *j(ꜣ)dt* "역병"·악카드어의 *mūtānu(m)* "역병"[31]·히타이트어의 *hinkan* "역병" – 가 지시하려고 했던 감염병의 정체는 무엇일까? 시신을 화장하는 장례풍습으로 인해 이 시기 히타이트인들의 유해를 동시대 이집트의 미라와 같이 의학적으로 검사하는 것은 불가능하다. 따라서 앞서 살펴본 이집트의 문헌학적·고고학적 증거와 미라에 대한 검시 결과, 그리고 히타이트의 문헌학적 증거 등을 바탕으로 감염병의 정체를 파악해볼 수밖에 없다. 이 책에서 제시된 다양한 문헌학적·고고학적·고병리학적 정보를 종합할 때 팬데믹을 유발한 감염병의 후보는 말라리아와 흑사병, 그리고 야토병野兎病, tularemia 혹은 rabbit fever 으로 압축된다.[32]

우선 당시 서아시아 전체를 휩쓸었던 전염병이 말라리아였을 것이라는 주장을 살펴보자. 앞서 말라리아가 신왕국 시대 제18왕조 텔 엘-아마르나에서 유행했다는 것을 살펴보았다. 말라리아가 이후 이집트 전역에 창궐했으며 이때 감염된 병사 중 일부가 암카 전투에서 전쟁포로가 되어 히타이트의 수도로 압송되었다면 기원전 1320년대 히타이트로 유입된 말라리아는 동반 감염병인 결핵·이질과 함께 히타이트에 엄청난 재앙을 초래했을 것이다. 흥미롭게도 이집트 군인들이 히타이트의 수도에 도착할 때까지 별다른 증상을 보이지 않았다는 사실을 통해 감염병의 잠복기가 제법 길었다는 것을 짐작할 수 있는데 이는 말라리아의 특징 중 하나이다.

삼일열 말라리아의 경우 잠복기가 12~17일로 짧은 집단과 6개월에서 수년에 이르는 지연형 잠복기를 가지는 집단으로 나뉘는데 만일 당시 서아시아에 유행했던 감염병이 말라리아였다면 이들 이집트 전쟁포로들은 지연형 잠복기를 가진 말라리아 원충에 감염되었을 것이다. 그러나 "히타이트 역병"이 말라리아라는 것을 확증할 수 있는 결정적인 증거는 아직 제시되지 못했으며 따라서 일부 정황 증거로는 고대 서아시아의 팬데믹이 말라리아라고 결론지을 수 없다.

오스트리아/미국의 이집트학자 한스 G. 괴디케 Hans G. Goedicke(1926~2015년)는 시리아 지역에서 이집트에서 퍼져 히타이트에까지 도달한 전염병이 일부 이집트 의학 파피루스에서 *ꜣ nt ꜥꜣmw* "아시아 병 Asiatic Illness"이라고 언급한 질병이며 이는 흑사병이라고 단언했다.[33] 프랑스 샤를 8세 Charles VIII(1470~1498년)의 군대가 이탈리아 나폴리를 함락시키고 프랑스 군에 의한 집단강간이 자행되면서 유럽에서 매독 syphilis 이 확산하자 이 병을 *Franzosenkrankheit* "프랑스 병"으로 부르게 된 것과 마찬가지로[34] 감염병이 주로 시리아-팔레스타인 등지에서 유입되었기 때문에 "아시아 병"이라는 명칭이 붙여졌다는 것은 설득력이 있다(아울러 "아시아 병"이라는 명칭이 무언가 불쾌·불온·불길하고 유해한 것들을 외국의 기원으로 돌리려고 하는 보편적인 문화적·집단적 성향에 따른 결과일 가능성도 배제할 수는 없다[35]). 그러나 "아시아 병" = 흑사병에 대한 증상에 대한 괴디케의 문헌학적 분석은 액면 그대로 받아들이기 어렵다.

"아시아 병"과 관련한 증세를 언급한 가장 최초의 의학 파피루스는 기원전 1550년경 작성된 것으로 추정되는 『허스트 의학 파피루스 Hearst

Medical Papyrus』이다. 여기서 "아시아 병"에 대한 대처법은 주문의 형태로 제시되는데(*p.Hearst*, 11.12-15) 괴디케는 이 중 한 동사구에 대하여 다른 학자들의 번역에 이의를 제기하며 *dᶜb ḫt m dᶜbwt* "몸이 역청과 같이 검게 변하면"이 흑사병의 증세를 나타낸다고 주장했다. 그러나 저자가 보기에 이것이 태양신의 변신 혹은 주문에서 자주 사용되는 명령문 – 예컨대, "몸을 칠흑과 같이 검게 만들라" – 등으로 번역될 수 있는 가능성도 배제할 수 없다. 또한 1350년경 작성된 것으로 추정되는『런던 의학 파피루스London Medical Papyrus = BM 10059』에도『허스트 의학 파피루스』와 유사한 문구가 발견되는데(*p.London*, 15.8-10) 괴디케는 이를 바탕으로 고대 이집트에 기원전 1550년경, 즉 제2중간기 – 신왕국 시대 초기에 한 번, 그리고 1350년경, 즉 아켄아텐 – 투탕카멘 치세에 다시 한 번, 총 2번에 걸쳐 "아시아 병", 즉 흑사병이 유행했다고 주장했다.[36]

아마르나 시대의 수도 텔 엘 – 아마르나에 위치한 장인들의 집단 거주지에서 사람벼룩의 흔적이 발견됨에 따라('미라 검시를 통한 고대 이집트 시대 감염병의 추적' 참조) 사람벼룩이 아프리카풀밭쥐를 매개로 이집트 전역에 확산되었을 가능성은 있으나 이와 같은 고고학적 증거와 달리 괴디케가 "아시아의 병" = 흑사병 논리에 동원한 문헌학적 증거는 모두 정황적이다. 아울러 앞서 살펴본『에베르스 파피루스』197장에 언급된 증상 – 즉, 피로 · 호흡곤란 · 종창 – 역시 반드시 흑사병이라고 단정할 수 없다.[37] 따라서 말라리아와 마찬가지로 결정적인 증거가 확보되지 않은 상황에서 고대 서아시아의 팬데믹을 흑사병으로 확정하기에 무리가 따른다.

마지막으로,『역병에 대한 무르실리 2세의 기도』중「두 번째 기도」에서 역병이 20년간 지속된 것에 착안하여 "히타이트 역병"이 야토병일 것으로 추정하는 의학적 가설이 존재한다.[38] 야토병이란 야토균(학명: *Francisella tularensis*)에 의해 감염되면 발병하는 인수공통 감염병으로 이·벼룩·진드기 mite·사슴등애 deerfly와 같은 야토균의 매개충이나 야토병에 감염된 설치류나 토끼에 물리면 감염된다. 야토병에 발병하면 대개 물린 자리에 궤양이 발생하고 발열·오한·두통·전신피로 등과 같은 증세가 나타난다. 사망률은 약 2~8%이지만 폐렴형 야토병 pneumonic tularemia 이나 발열형 야토병 typhoidal tularemia 의 경우 사망률은 더 높아질 수 있다.

이 가설에 따르면 지속기간이 짧은 흑사병과 달리 야토병은 매우 오랫동안 지속될 수 있으며 유행이 잦아든 이후에도 다시 유행한다. 야토병은 또한 정기적으로 휴식을 취하면서 이동하는 대상 ─ "히타이트 역병"의 경우에는 암쿠 전투 이후 히타이트의 수도로 귀환하는 병사 및 이집트 전쟁 포로 ─ 혹은 해상무역 등에 종사하는 선원에 의해 항구를 중심으로 전파되며(알라시아의 역병) 도시에서의 전파력이 높다는 특징을 보인다. 이런 특징을 고려했을 때 야토병은 고대 이집트 및 히타이트의 문헌에 언급된 유행병의 여러 양상과도 일치하는 모습을 보인다. 그러나 야토병의 치사율이 그렇게 높지 않다는 점, 그리고 야토병의 유행지가 텔 엘-아마르나나 핫투샤, 그리고 여러 도시국가들과 같은 도시 지역이 아니라 농촌 지역이라는 점 등을 고려할 때 "히타이트 역병"은 야토병이 아닐 가능성이 매우 높다.[39]

그렇다면 고대 서아시아 전역에 퍼졌던 팬데믹은 어떤 감염병이었을까? 현재까지 수집된 문헌학적·고고학적·고병리학적 증거에 기반해서는 추정 이상의 결론을 내릴 수 없다. 미라 검시와 텔 엘-아마르나 묘역에 대한 의료 인류학적 조사 등을 통한 정보와 당시 유행했던 감염병에 대한 묘사 등을 고려했을 때에는 말라리아일 가능성이 높다. 그러나 최근 연구를 통해 흑사병이 고대 이집트를 비롯한 서아시아 지역에 존재했을 가능성이 조심스럽게 제기되고 있는 상황임을 고려할 때에는 이것이 흑사병일 가능성도 완전히 배제할 수는 없다.

문헌자료 및 고고학적 증거 등을 면밀하게 검토했음에도 불구하고 고대의 팬데믹의 정체를 확증할 수 없는 것은 아쉬운 일이지만 후기 청동기 시대 서아시아와 지중해 전역에 구축된 외교·군사·경제적 국제 네트워크를 통해 시리아-팔레스타인 지역의 감염병이 당시의 주요 패권국가들이었던 이집트와 히타이트로 전파되어 오늘날과 유사한 팬데믹 사태를 유발했고 이것이 결국 청동기 시대의 종말을 촉발하는 원인 중 하나가 되었다는 사실은 의심의 여지가 없다.

나가며

고대 이집트인들과 메소포타미아인들, 그리고 시리아-팔레스타인 지역의 거주민들이 주기적으로 찾아오는 감염병의 (대)유행에 노출되었다는 것은 기원전 17세기 이후의 여러 문헌과 고고학적 발굴 등을 통해 확정할 수 있다. 그러나 결정적인 증거의 부족으로 기원전 14세기 고대 서아시아 전역에 확산되었던 팬데믹이 어떤 질병에 의한 것이었는지는 여전히 알 수 없다. 다만 이것이 지연형 잠복기를 가지는 삼일열 말라리아 혹은 흑사병과 같이 감염성이 높고 심각한 증상과 함께 사망률이 높은 질병이었던 것은 확실해 보인다. 끝으로 14세기 유럽의 흑사병이 근대 자본주의의 도래를 유발한 원인 중 하나로 간주되는 것처럼[1] 기원전 14세기 고대 서아시아의 팬데믹 역시 지진·기후변화·가뭄·기근·반란·침략·공급망 붕괴 등 청동기 시대의 종말의 주요 원인 중 하나로 고려되어야 할 것이다.[2] 이와 관련한 참신한 후속 연구를 기대해 본다.

표 5 신왕국 시대 제18왕조(기원전 1550~1295년)

왕명(한글)	왕명(영문)	재위 기간
아흐모세(넵페흐티레)	Ahomose(Nebpehtyre)	기원전 1550~1525년
아멘호텝 1세(제세르카레)	Amenhotep I(Djserkare)	기원전 1525~1504년
투트모세 1세(아아케페르카레)	Thutmose I(Aakheperkare)	기원전 1504~1492년
투트모세 2세(아아케페렌레)	Thutmose II(Aakheperenre)	기원전 1492~1479년
투트모세 3세(멘케페르레)	Thutmose III(Menkheperre)	기원전 1479~1425년
하트셉수트(마아트카레)	Hatshepsut(Maatkare)	기원전 1473~1458년
아멘호텝 2세(아아케페루레)	Amenhotep II(Aakheperure)	기원전 1427~1400년
투트모세 4세(멘케페루레)	Thutmose IV(Menkheperure)	기원전 1400~1390년
아멘호텝 3세(넵마아트레)	Amenhotep III(Nebmaatre)	기원전 1390~1352년
아멘호텝 4세/아켄아텐	Amenhotep IV/Akhenaten	기원전 1352~1336년
네페르네페루아텐(스멘크카레)	Neferneferuaten(Smenkhkare)	기원전 1338~1336년
투탕카멘(넵케페루레)	Tutankhamun(Nebkhprure)	기원전 1336~1327년
아이(케페르케페루레)	Ay(Kheperkheperure)	기원전 1327~1323년
호렘헵(제세르케페루레)	Horemheb(Djeserkheperure)	기원전 1323~1295년

표 6 신왕국 시대 제19왕조(기원전 1295~1186년)

왕명(한글)	왕명(영문)	재위 기간
람세스 1세(멘페흐티레)	Ramesses I(Menpehtyre)	기원전 1295~1294년
세티 1세(멘마아트레)	Sety II(Menmaatre)	기원전 1294~1279년
람세스 2세(우세르마아트레-세¹)	Ramesses II(Usermaatre+S¹)	기원전 1279~1213년
메렌프타(바엔레)	Merenptah(Baenre)	기원전 1213~1203년
아멘메수(멘미레)	Thutmose III(Menkheperre)	기원전 1203~1200년
세티 2세(우세르케페루레)	Hatshepsut(Maatkare)	기원전 1200~1194년
시프타(아켄엔레-세테펜레)	Amenhotep II(Aakheperure)	기원전 1194~1188년
타웨세레트(사트레-메리트아멘)	Thutmose IV(Menkheperure)	기원전 1188~1186년

1. 세¹ = S¹: 세테펜레(Setepenre)

미주

들어가며

1   출처: https://coronaboard.kr/ 2024년 1월 5일 접속

제1장

1   한국 역시 '전염병'이라는 명칭 대신 전염성 질환과 비전염성 질환을 모두 포
     괄할 수 있는 '감염병'을 채택하는 경향을 보이고 있다. 홍성익, 「전염병 →
     감염병'으로 변경」, 『의학신문』, 2009년 12월 31일: http://www.bosa.co.kr
     /news/articleView.html?idxno=146843 (2021년 3월 1일 접속).

2   역사적으로 가장 유명한 유행병의 사례는 펠로폰네소스 전쟁Πελοποννησιακός
     Πόλεμος(기원전 431-404년) 2년 차에 발생한 '아테네 역병 Λοιμός τῶν Ἀθηνῶν'
     일 것이다. 이 역병으로 인해 도시 전체 인구의 약 1/3에 해당하는 약
     75,000~100,000명의 아테네 시민이 사망한 것으로 알려져 있다. '아테네 역
     병'에 대한 기록은 투키디데스 Θουκυδίδης(기원전 465~400년)의 『펠로폰네소스 전
     쟁사 Ιστορία του Πελοποννησιακού Πολέμου』 제2권에 기록되어 있다(2:48-54). 투
     키디데스, 『펠로폰네소스 전쟁사』, 천병희 옮김, 파주: 도서출판 숲(2011),
     176-182쪽. 한편, '아테네 역병'의 병인病因에 대해서는 장티푸스·홍역에서
     에볼라에 이르기까지 약 30개의 감염병이 제시되었다.

3   2005년 이후 세계보건기구WHO: World Health Organization 가 동물에서 인간으
     로 전이되는 독감에 대하여 규정한 범유행 기준에 따르면 독감의 범유행은
     최종 '단계 6'에 해당한다. 최강석, 『바이러스 쇼크』, 서울: 매경출판(2020),
     162-163쪽. 한편, 대표적인 유행병의 범유행, 즉 유행병의 대규모 국제

적 확산 사례로는 '유스티니아누스 역병Justinianic Plague'(541~549년)을 들 수 있다. 비잔틴 제국의 유스티니아누스 1세Flavius Petrus Sabbatius Iustinianus(482~565년, 527~565년 재위) 치세에 이집트에서 시작되어 제국의 수도인 콘스탄티노플은 물론, 비잔틴 제국 및 지중해 전역과 사산 왕조 페르시아까지 퍼졌으며 총 2,500~5,000만 명이 사망한 것으로 알려져 있다. '유스티니아누스 역병'의 유래와 증상은 비잔틴 제국의 저술가 프로코피오스Προκόπιος ὁ Καισαρεύς (500~565년경)의 『전쟁사 Υπερ των Πολεμων』에 기록되어 있는데(II.22) 증상에 대한 묘사를 통해 흑사병일 것으로 추정되었다가 2014년 비잔틴 제국 시민의 사체에서 추출한 치아 분석을 통해 이 역병이 페스트 세균(학명: *Yersinia pestis*)에 의한 흑사병이라는 것이 마침내 확인되었다. David M. Wagner, Jennifer Klunk, Michaela Harbeck, *et al.*, "*Yersinia pestis* and the Plague of Justinian 541–543 A.D.: A Genomic Analysis", *The Lancet: Infectious Disease*, Vol. 14, No. 4 (2014), pp. 319–326.

4   대개 병원체, 특히 바이러스는 숙주 내에서의 생존 가능성을 높이기 위해 개별 숙주에 대한 독성, 즉 병원성은 낮추고 숙주 간의 감염성은 높이는 방향으로 진화하는데 이와 같은 과정에서 치명적인 감염병이 지속적으로 유행하는 풍토병으로 변하게 된다. 감염병이 풍토병으로 전환되는 대표적 사례로는 범유행을 초래했던 SARSSevere Acute Respiratory Syndrome(중증 급성 호흡기 증후군) 코로나19 바이러스가 계절성 독감 바이러스로 순화되는 경우를 들 수 있다.

5   일반적인 언어적 관례에 따라 대개는 바이러스 · 박테리아 · 원생동물을 뭉뚱그려 '세균'으로 부르고 있으나 이것은 과학적으로 정확하지 않다. 이 책에서 '세균'은 원핵생물로서의 박테리아만을 지칭한다.

6   DNA의 경우, 이중나선 구조를 하고 있어 복제 시 염기배열에 실수가 있어도 대부분 복구되며, DNA 복제를 촉매하는 DNA 중합효소(DNAp: DNA polymerase) 역시 복제 오류를 인식하고 오류가 발생한 염기쌍의 불일치를 교정한다. 따라서 DNA 바이러스의 변이 발생률은 비교적 낮다. 그러나 RNA 바이러스는 단일 가닥으로 이루어져 있어 염기쌍의 배열이 안정적이지 못하고 중합효소에 의한 검토 및 교정 과정도 없기 때문에 변이 발생 가능성이 DNA 바이러스에 비해 수천 배나 높다. David Quammen, *Spillover: Animal Infections and the Next Human Pandemic*, New York: W. W. Norton & Co. (2013), pp. 215–221.

7   Jared Diamond, *Guns, Germs, and Steel*, New York: W. W. Norton & Co. (1999), p. 209.

8   Arno Karlen, *Man and Microbes: Disease and Plagues in History and Modern Times*, New York: Simon & Schuster (1996), p. 16, p. 18.

9   E. Fuller Terrey & Robert H. Yolken, *Beasts of the Earth: Animals, Humans, and Disease*, New Jersey: Rutgers University Press (2005), pp. 6–8, fig. 1–1.

10   동물에서 인간으로 이행되는 종간전파는 호모 사피엔스의 출현 이후인 최근 20~15만 년간 발생했다는 점에서 상속감염과는 구별된다.

11   말라리아 원충에는 삼일열원충三日熱原蟲. 학명: *Plamodium vivax* · 열대열원충熱帶熱原蟲. 학명: *Plasmodium falciparum* · 사일열원충四日熱原蟲. 학명: *Plasmodium malariae* · 난형열원충卵形熱原蟲. 학명: *Plasmodium ovale* 등 네 종류가 있다. '말라리아'라는 병명은 이탈리아어로 mal− "나쁜"과 aria "공기"가 결합하여 만들어진 용어인데 19세기 전까지는 말라리아가 나쁜 공기를 통해 전염된다고 여겨졌다.

12   홍적세는 또한 플라이스토세Pleistocene Epoch · 갱신세更新世 · 빙하기氷河期. Ice Age 로도 불린다. 신생대新生代. Cenozoic Era 제4기에 속하며, 약 258~1만 년 전까지의 지질시대를 말한다. 차고 건조한 날씨로 인해 빙하가 남진하면서 매머드와 같은 거대동물이 등장했다. 대개 홍적세가 끝나는 시기를 구석기 시대의 끝(12,000년 전)으로 간주한다.

13   Tony McMichael, *Human Frontiers, Environments and Disease: Past Patterns, Uncertain Futures*, Cambridge: Cambridge University Press (2001), p. 44, pp. 47−48. 아울러 수렵 · 채집을 통해 확보한 식량을 불에 익혀 먹는 화식火食은 소화에 사용되는 에너지를 크게 줄여 여분의 에너지를 '고비용 조직'이라 할 수 있는 인간의 뇌에 투입할 수 있게 해주었고 그 결과 초기 인류는 뇌의 크기 및 기능의 발달을 촉진했다. Richard Wrangham, *Catching Fire: How Cooking Made Us Human*, New York: Basic Books (2009), pp. 105−128.

14   A. Evans, Miles Markus *et al*., "Late Stone Age Coprolite Reveals Evidence of Prehistoric Parasitism", *South African Medical Journal = Suid-Afrikaanse Tydskrif vir Geneeskunde*, Vol. 86 (1996), pp. 274−275.

15   호흡기 탄저병의 높은 치사율과 극한 환경에 대한 포자의 강한 생존성 등으로 인해 10억 년 이상 존재했던 고古병원균인 탄저균은 지난 100년간 첨단 세균전germ warfare 의 연구대상이었다. 탄저균을 이용한 세균무기 개발의 가장 대표적인 사례는 중일전쟁(1937~1945년) 중 일본 제국군의 생물학전을 담당했던 이시이 시로石井四郎(1892~1959년) 중장이 지휘한 731방역급수부대의 '마루타まるた(통나무)'를 대상으로 한 인체실험을 들 수 있다. 이후 냉전 시기

(1945~1991년)에는 미국·소련을 비롯한 많은 국가들이 탄저균을 이용한 세균병기의 개발에 착수했다. 2001년 9·11테러 1주일 뒤에 미국에서는 우편물을 이용한 탄저균 테러Amerithrax가 발생했는데 이 역시 앞서 언급한 세균병기 개발과 모종의 연관관계가 존재하는 것으로 추정된다. Andrew Nikiforuk, *Pandemonium: Bird Flu, Mad Cow Disease, and Other Biological Plagues of the 21st Century*, Toronto: Penguin Random House Canada (2006), pp. 135-164.

16 Michael Roaf, *Cultural Atlas of Mesopotamia and the Near East*, New York: Fact On File, Inc. (1990), p. 36.

17 개는 수렵·채집 기간에 이미 가축화된 것으로 보인다. 초기 인류는 오래달리기를 통해 사냥감을 탈진시켜 포획하는 '추격/지구력 사냥persistent hunting'의 방식으로 수렵을 했는데 늑대-개 역시 오래달리기로 사냥을 하는 종이다. 인간과 개는 '추격/지구력사냥' 혹은 '몰이사냥' 과정에서 경쟁하면서 조우했을 가능성이 높다. David R. Carrier, A. K. Kapoor, Tasuku Kimura, *et al.*, "The Energetic Paradox of Human Running and Hominid Evolution", *Current Anthropology*, Vol. 25, No. 4 (1984), pp. 483-495; Dennis M. Bramble & Daniel E. Lieberman, "Endurance Running and the Evolution of *Homo*", *Nature*, Vol. 432 (2004), pp. 345-352; 일부에서는 늑대와 개의 분화, 즉 개의 가축화가 최소 기원전 33,000~36,000년경에 일어났다고 주장한다. Alice Roberts, *Tamed: Ten Species That Changed Our World*, London: Hutchinson (2017), pp. 8-45.

18 소를 길들인 것은 야생동물의 가축화 과정에서 가장 중요한 사건이라 할 수 있다. 소가 생산하는 우유를 비롯한 각종 유가공품, 뿔·가죽을 비롯한 각종 부산물, 고기, 연료와 비료로 사용할 수 있는 배설물 이외에도 소는 무거운 짐을 나르고 쟁기를 끄는 등 인간의 노동력을 대신하는 역할을 수행했다. 이 때문에 수소와 암소는 고대 서아시아 및 지중해 전역에서 풍우신 혹은 다산의 신 등으로 숭배되었다. Frederick E. Zeuner, *A History of Domesticated Animals*, London: Hutchinson (1963), pp. 240-241; Jeremy Rifkin, *Beyond Beef: The Rise and Fall of the Cattle Culture*, New York: Dutton Books (1993), pp. 16-23.

19 Maria P. Dore, Antonia R. Sepulveda, Hala el-Zimaity, *et al.*, "Isolation of Helicobacter pylori from Sheep: Implications for Transmission to Humans", *The American Journal of Gastroenterology*, Vol. 96, No. 5 (2001), pp. 1396-1401; Maria P. Dore, Dino Varia, "Sheep Rearing and Helicobacter pylori Infection: An Epidemiological Model of Anthropozoonosis",

Digestive and Liver Disease, Vol. 35, No. 1 (2003), pp. 7-9.

20 돼지는 또한 니파 바이러스(학명: *Nipah henipavirus*), 단순포진 바이러스 등과 같은 뇌염 유발 바이러스, 독감 바이러스 등의 진화와 확산에 있어서도 핵심적인 역할을 수행한다.

21 대두창 바이러스에 의한 천연두의 치사율은 유형에 따라 각기 다른데, 일반 유형의 경우는 약 30%이지만 아동의 경우에는 유형에 관계없이 40~50%에 달했다. 반면 악성 천연두의 치사율은 90% 이상이었고 출혈성 천연두의 치사율은 거의 100%를 기록했다. 일반 유형의 경우 대개 감염 10~16일차에 사망한다. 한편, 소두창 바이러스의 경우에는 증상도 훨씬 가볍고 치사율 역시 0.2%로 낮을 뿐만 아니라 감염 이후에는 대두창 바이러스에 대한 평생 면역이 생기기 때문에 오히려 행운으로 여겨졌다. Gareth Williams, *Angel of Death: The Story of Smallpox*, London: Palgrave Macmillan (2010), p. 14. 한편, 세계사적으로 천연두는 1521년 스페인 원정 이후 집단 면역력이 없었던 아메리카 원주민을 몰살시킨 주범으로 알려져 있다. 특히, 천연두가 창궐한 이후 면역력이 약화된 천연두 생존자들에게 홍역이 대규모로 발병하여 이들 중 대부분을 죽음에 이르게 했다. William H. McNeil, *Plagues and Peoples*, Garden City: Anchor Books (1976), p. 219; Karlen, *Man and Microbes* (1996), p. 102; 주경철, 『문명과 바다』, 서울: 도서출판 산처럼(2009), 384-392쪽.

22 Nicolau Barquet, "Smallpox: The Triumph over the Most Terrible of the Ministers of Death", *Annals of Internal Medicine*, Vol. 127, No. 8-1 (1997), pp. 635-642; Dorothy H. Crawford, *Deadly Companions: How Microbes Shaped Our History*, Oxford: Oxford University Press (2007), pp. 173-179; 여인석 · 강신익 · 신동원 외, 『의학 오디세이』, 서울: 역사비평사(2007), 114-122쪽; Carl Zimmer, *A Planet of Viruses*, Chicago: University of Chicago Press (2011), pp. 108-122.

23 주로 18~35세의 젊은 연령층에서 주로 발병하고 병세가 진전될수록 얼굴 등이 (당시 이상적인 외모에 부합하도록) 창백해지는 현상, 그리고 결핵에 걸린 작가 · 예술가들이 결핵 발병 후 뛰어난 창의력을 발휘했다는 점 등 때문에 영국 빅토리아 시대 Victorian Era(1837~1901년) 당시 유럽인들은 결핵을 시적이고 고결한 '아름다운 병'으로 낭만화했다. Katherine Byrne, *Tuberculosis and the Victorian Literary Imagination*, Cambridge Studies in Nineteenth-Century Literature and Culture Series, No. 74, Cambridge: Cambridge University Press (2010), pp. 92-123; Jennifer Wright, *Get Well Soon: History's Worst Plagues and the Heroes Who Fought Them*, New York: Henry Holt & Co. (2017),

pp. 108−125; Ronald D. Gerste, *Wie Krankheiten Geschichte machen: Von der Antike bis heute*, Stuttgart: Klett−Cotta (2019), pp. 247−258. 한편, 결핵 환자의 진단을 위한 청진기가 프랑스 의학자 르네 라에네크Rene−Theophile−Hyacinthe Laennec(1781~1826년)에 의해 1818년 발명되었다.

24 기원전 9600년경 출현한 시리아−팔레스타인의 예리코Jericho, 기원전 7100년경의 아나톨리아의 차탈회위크Çatalhöyük와 같은 소도시들에서 출발하여 본격적인 농경기술의 확산에 따른 기원전 3500~3000년경 남부 메소포타미아 지역에서 발생한 '우루크 도시혁명Uruk Phenomenon'에 이르기까지의 초기 도시(국가)의 출현 과정 및 결과에 대해서는 다음 참조: Roaf, *Cultural Atlas of Mesopotamia and the Near East* (1990), p. 32, pp. 42−72; Amélie Kuhrt, *The Ancient Near East, c. 3000-330 BC: Volume 1*, New York: Routledge (1995), pp. 19−40; Béatrix Midant−Reynes, "The Naqada Period" in *The Oxford History of Ancient Egypt*, Ian Shaw (ed.), Oxford: Oxford University Press (2000), pp. 44−60; Marc Van De Mieroop, *A History of the Ancient Near East, ca. 3000-323 BC*, Oxford−Malden: Blackwell Publishing (2004), pp. 19−40; *A History of Ancient Egypt*, Oxford−Malden: Wiley−Blackwell (2011), pp. 21−26.

25 Andrew Cliff, Peter Hagget, Matthew Smallman−Raynor, *Measles: An Historical Geography of a Major Human Viral Disease from Global Expansion to Local Retreat, 1840-1990*, Oxford−Cambridge: Blackwell Publishing (1993), p. 46. 한 연구에 따르면 일반적인 감염병이 한 지역 내에서 감염을 지속하기 위해 필요한 숙주집단의 규모는 최소 40만 명이라고 알려져 있다. 장항석, 『판데믹 히스토리』, 서울: 시대의창(2018), 80쪽.

26 1894년 스위스의 의학자 알렉상드르 예르생Alexandre Emile Jean Yersin(1863-1943년)이 세균에 감염된 쥐벼룩이 흑사병의 원인이라는 것을 발견했다. 페스트 세균의 학명은 그의 이름을 딴 것이다. 한편, 페스트 세균은 숙주인 쥐벼룩의 소화기에 장애를 일으켜 쥐벼룩이 굶주림 때문에 보다 많은 쥐 혹은 사람의 피를 빨게 만드는데 이 과정에서 벼룩의 위에 있던 세균이 침샘을 통해 쥐벼룩의 숙주로 이동하게 된다. '유스티니아누스 역병' 이후 14세기 유럽에 창궐한 흑사병은 1346~1353년경 유럽 인구의 1/3을 몰살시켰으며 전 세계적으로도 최소 1억 명이 사망하는 피해를 초래했다. 공중위생 측면에서, 이 당시 흑사병을 예방하기 위해 크로아티아에서는 1397년 환자들을 40일간 격리시키는 제도quarantenaria를 시행했는데 여기에서 이탈리아어 *quarantena*, 스페인어 *cuarentena*, 영어 *quarantine*, 독일어 *Quarantäne*, 프랑스어 *quarantaine* "검역檢疫"이 파생되었다.

고대 중근동의 팬데믹_문명의 어두운 동반자

27 특히, 밀과 쌀의 경작에 따른 영양 불균형 및 관련 질환의 발생에 대해서는 다음 참조: William Davis, *Wheat Belly: Lose the Wheat, Lose the Weight, and Find Your Path Back to Health*, New York: Rodale Inc. (2014), pp. 12-40.

28 Jared Diamond, "The Worst Mistake in the History of Human Race", *Discover Magazine* (1987), pp. 64-66.

29 문갑순, 『사피엔스의 식사: 인류가 선택한 9가지 식품』, 파주: 21세기북스 (2018), 65-67쪽.

30 구루병은 비타민 D 결핍에 따른 골격 변화, 특히 다리가 굽어 내반슬內反膝 = O형이 되는 질환이다. 가기병은 비타민 B₁(티아민)의 결핍으로 심부전·말초 신경 장애를 초래하는 질환이다. 펠라그라 = 홍반병은 비타민 B₃(나이아신) 부족으로 발생하는데 신경계와 소화계의 피부가 암갈색으로 변하며 벗겨지면서 치매·정신착란·불안증·설사 등을 유발한다. 비타민 C의 부족으로 체내 각 기관에서 출혈장애가 발생하는 질환이다.

31 홍윤철, 『질병의 탄생: 우리는 왜, 어떻게 질병에 걸리는가』, 서울: 사이 (2014), 96-104쪽.

32 James C. Scott, *Against the Grain: A Deep History of the Earliest States*, New Haven: Yale University Press (2017), pp. 93-115.

제2장

1 James P. Allen, *The Art of Medicine in Ancient Egypt*, New York: The Metropolitan Museum of Art (2005), pp. 47-48, cat. nos. 49-50.

2 고대 이집트를 비롯한 다양한 문화권에서 화살은 태양빛, 즉 햇살을 표상하는 동시에 인간이 인지할 수 없는 빠른 속도로 날아와 목표를 살상할 수 있는 무기로서 신들이 내리는 징벌 혹은 신들이 사용하는 보이지 않는 죽음의 무기로서의 역병을 상징한다. 『라이덴 파피루스 I 346Papyrus Leiden I 346』에 수록된 「한 해의 마지막 날에 관한 서書, Book of the Last Day of the Year」에 따르면(cols. I.1-II.5) 화살, 특히 세크메트의 (7개의) 화살은 감염병을 퍼뜨리는 여신의 권능을 상징한다. Maarten J. Raven, "Charms for Protection during the Epagomenal Days" in *Essays on Ancient Egypt in Honour of Herman te Velde*, Egyptological Memoirs 1, Groningen: STYX (1997), pp. 275-279. 화살은 또한 그리스 신화에서 아폴론 Ἀπόλλων, 특히 Ἑκατηβόλος Ἀπόλλων "헤카테

볼로스 아폴론", 즉 "멀리서 쏘시는 아폴론"과 아르테미스Ἄρτεμις 가 자신들의 어머니 레토Λητώ 여신을 모욕한 테베의 왕비 니오베Νιόβη 의 아들딸을 활로 쏘아 죽이는 이야기와, 3세기경 기독교를 탄압한 로마의 황제 디오클레티아누스Gaius Aurelius Valerius Diocletianus(224~312년) 치세(284~305년)에 화살에 의해 순교한 성 세바스티아누스Sanctus Sebastianus(256~288년)가 전염병에 대한 수호성인이 된 것 등이 대표적인 예이다.

3   대부분의 전통문화에서 태양은 우주의 눈이자 한낮의 눈이다. 고대 이집트에서도 해와 달은 천신天神 호루스의 오른쪽 눈과 왼쪽 눈으로 여겨졌다. 아울러 중국 창세신화에서는 죽은 반고盤ㅎ의 왼쪽 눈에서 해가, 오른쪽 눈에서 달이 각각 만들어졌다고 전하며 일본 신화에서도 창조신이자 황조신皇祖神인 이자나기노미코토伊那那岐命가 눈을 씻을 때 왼쪽 눈에서 태양신인 아마테라스오미카미天照大御神 여신이, 오른쪽 눈에서 달의 여신(혹은 남신)인 츠쿠요미노미코토月讀尊가 각각 탄생했다고 전한다. 중국 창세신화에 대해서는 김선자, 『김선자의 중국신화 이야기』, 서울: 아카넷(2004), 16~26쪽; 정재서, 『정재서 교수의 이야기 동양신화: 동양의 마음과 상상력 읽기』, 서울: 황금부엉이(2004), 35~46쪽. 한편, 고대 이집트에서 태양신의 눈Eye of Re 은 다양한 신화적 의미를 가지는데 인류 멸망신화에 등장하는 하토르−세크메트와 같은 태양신의 대리자, 독을 쏘아 태양신을 보호하는 신성한 코브라인 jꜥrt "우레우스uraeus "와 같은 보호자, 그리고 태양신의 의지와 무관하게 거의 독자적으로 활동하는 광명체(혹은 연장된 눈[目]으로서 정찰 드론) 혹은 태양신의 배우자 등이 모두 태양신의 눈으로 표상될 수 있다. 대개는 하토르 · 세크메트 · 와제트Wadjet · 무트Mut 등과 같은 태양신의 딸들과 동일시된다. 끝으로, 태양은 세상의 모든 것을 명명백백하게 비추며 동시에 그 모든 것을 보는 눈, 즉 전시안全視眼 All Seeing Eye 으로 전승되었다. 현재 가장 유명한 전시안 도안은 미국 1달러짜리 지폐 뒷면 왼쪽에 그려진 13층짜리 피라미드 위에 떠 있는 것이다.

4   여기서 하토르−세크메트가 ꜥnḫ.k n.j "그대가 저를 위해 사시는 한"이라고 말한 구절은 고대 이집트인들이 맹세oath 에서 사용했던 관용적인 구문이다. 이와 같은 맹세에서는 대개 ꜥnḫ "살다" 혹은 wꜣḥ "영속하다"와 같은 동사의 기원형祈願形이 사용되었으며 이들 동사의 주어는 맹세의 대상이 되는 신 혹은 왕이었다.

5   『천상 암소의 서Book of the Heavenly Cow』의 신화에 따르면 하토르−세크메트는 그다음 날에도 사람을 계속 죽일 생각이었지만 창조주−태양신은 무슨 이유에서인지 마음을 바꾼다. 창조주−태양신의 변심이 무엇 때문이었는지는 알

수 없다. 첫째 날의 살육을 보고 인류에 대해 측은한 마음을 느꼈을 수도 있고 아니면 반란에 가담하지 않은 사람들은 살려주고 싶은 마음이 생겼을 수도 있다. 그런데 첫째 날 혼돈의 영역인 사막으로 도망간 반란의 무리가 하토르-세크메트에 의해 몰살당했고 둘째 날의 살육은 창조주의 질서가 구현된 농경지에서 일어날 것으로 예정된 것으로 보아 아마도 태양신이 마음을 바꾼 것은 아무래도 두 번째 이유 때문인 것으로 추정된다.

6 고대 메소포타미아의 경우 외부의 악한 영혼이 몸에 들어와 질병이 유발된다는 생각은 『악한 우둑 귀신』 등과 같은 악령을 쫓는 각종 기도문 등을 통해 확인된다. 악령에 의해 병에 걸린 사람을 치료하는 데에는 정결신관(일종의 구마신관)이 기도문/주문을 낭송하며 정결례를 수행하는 것이다. 조칠수, 『수메르 신화』, 서울: 서해문집(2003), 484-485쪽.

7 요컨대, "그의 몸 안에서 만들어진 것이 아니다"라는 의미이다.

8 이집트의 의사들은 진단 후 그 심각성에 따라 (1) "내가 치료할 수 있는 병 mr.jry.j", (2) "내가 싸울 수 있는 병 mr ꜥḥꜣ.j hn ꜥ" (3) "치료할 수 없는 병 mr.nj jr.nj" 등 크게 세 단계로 구분하여 질병의 예후를 환자에게 알려주었다. 본문에서 토트엠헵은 벤트라쉬의 상태를 진단한 후 "겨룰 수 있는 적(질병)"이라는 결론을 내렸다. 비록 질병을 고칠 수 있다고는 진단했으나 공주의 몸에 있던 악령을 실제로 쫓아낼 수 있는 능력은 가지고 있지 않았다. 『벤트라시 석비』에서 이와 같은 능력을 가진 존재는 달의 신이자 치유의 신인 콘수 Khonsu 였다. 유성환, 『『벤트라시 석비』 - 위작 역사기술 및 신화학적 분석』, 『서양고대사연구』, 제48집 (2017), 19-20쪽.

9 마리 Mari 는 바빌로니아와 시리아 사이, 유프라테스 협곡의 농업지대와 유목부족의 활동무대인 초원 사이에 위치하고 있었으며 마리의 왕궁은 기원전 2100에서 1760년에 걸쳐 건립되었다. 기원전 1757년 바빌론의 왕 함무라비 Hammurabi(기원전 1792~1750년)에 의해 파괴되었다. 이후 1930년대 프랑스 고고학 탐사대에 의해 궁전 터에서 약 20,000개의 토판이 발견되었는데 이들은 대부분 마리 궁정과 지방관료, 그리고 해외 파견 관리들이 주고받은 서신이었으며 왕실 가족 간의 개인적인 서신도 포함되어 있었다. 이들 서신은 「마리 서신 Mari Letter」으로 불렸는데 사용된 언어는 악카드어가 아닌 서부 셈어 West Semitic 이지만 형식은 이전 서신의 질문 혹은 명령을 요약한 후 그에 대한 답을 제시하는 남부 바빌로니아 양식을 따르고 있으며 고대 서아시아 전역의 정치적·군사적 동향을 파악할 수 있는 귀중한 정보를 제공한다.

10 아울러 유사한 의미를 가진 동사 ṣabāum "쥐다", "취하다"에서는 ṣibtu "간

질"이 파생했으며 밤에 발생하는 간질은 ṣibit eṭemmi "유령에 의해 잡힘"으로 보았다. J. V. Kinnier Wilson & Edward H. Reynolds, "Translation and Analysis of a Cuneiform Text Forming Part of a Babylonian Treatise on Epilepsy", *Medical History*, Vol. 34 (1990), p. 187.

11 Edward F. Wente, *Letters from Ancient Egypt*, SBL Writings from the Ancient World Series, Atlanta: Scholars Press (1990), pp. 142-143; 208; 215-217. 한편 고대 이집트인들은 집에 환자가 생기거나 가족 구성원 사이에 분란이 발생했을 때 이러한 사건이 적대적인 영혼의 소행에 의해 유발되었다고 생각했고 그 대응책 중 하나로 자신들에게 우호적인 영혼(대개는 사망한 지 얼마 되지 않은 가족 구성원)에게 개입해 줄 것을 호소하는 편지를 보냈다. 이런 편지 중 가장 대표적인 것 중 하나가 본문에 언급된 『카이로 보울Cairo Bowl』이다. 중왕국 시대 제12왕조(기원전 1985~1773년) 초기에 제작된 붉은 사발의 안쪽과 바깥쪽에 신관문자로 쓰여진 이 편지에서 아내 데디는 죽은 남편 인테프에게 병든 여종을 괴롭히는 영혼들과 싸워달라는 요청을 한다(CG 25375, 1-10).: *dd ddj n ḥm-nṯr jn-ꞽ t.f ms n jw-nḫt /jr t3 b3kt jmjw ntt mr.t(j) /(j)n n(j) ꜥḥ3.n.k ḥr.s grh ḥrw ḥnꜥ jrr nb r.s ḥnꜥ jrrt nbt r.s /mrrk wš.t(w) ꜥryt.k ḥr jḥ /ꜥḥ3 tw ḥr.s mjn mj m3wt grg tw pr.s st(j).t(w) n.k mw /jr nfr n m-ꜥ.k k3 pr.k ḥb3.(w) /(j)n wn nn rḫ.n.k ntt jn t3 b3kt jrr pr.k m r(m)ṯ /ꜥḥꜥ tw ḥr.s /rs t(w) ḥr.s /nḥm s(j) ḥnꜥ jrrt nbt r.s jḥ grg pr.k ḥrdw.k /nfr sḏm.k* "데디가 이우나크트의 소생, 신관 인테프에게 보냄: 병이 난 이 여종 이미우와 관련하여, 당신은 왜 그녀를 해코지 하는 모든 남자(영혼)와 모든 여자(영혼)에 대항하여 싸우지 않습니까? 왜 당신의 대문이 황량하기를 바랍니까? 오늘 그녀를 위해 새롭게 싸우시오. 그리하면 그녀의 집이 다시 일어날 것이며 당신에게는 물이 따라질 것입니다. 만일 당신이 아무것도 하지 않는다면 당신의 집은 무너져 버릴 것입니다. 사람들 중에 그 여종이 당신의 집(의 살림)을 꾸려 나간다는 것을 모르시겠습니까? 그녀를 위해 싸우시오. 그녀를 지켜보시오. 그녀를 해코지하는 모든 자들로부터 그녀를 구하시오. 그리하면 당신의 집과 당신의 아이들이 (다시) 세워질 것입니다. 잘 들으셨기를."

12 참고로 이 어휘의 의미 한정사determinitive 로 비 혹은 이슬과 같은 범주의 어휘에 사용되는, 하늘에서 습기가 내려오는 것을 묘사한 의미한정사 Gardiner(1957, 485, N5)가 종종 사용되는 경우가 있는데 이것은 *jdt* "이슬"의 용례에서 파생된 음성 의미한정사phonetic determinative 로 보아야 한다. 한편 고대 이집트인들은 역병이 습기를 머금은 밤공기와 모종의 연관성을 가진다고 보았고 따라서 특정 약재를 밤이슬에 노출하면 약효가 더 좋아진다고 생각했다. Robert K. Ritner, "Innovations and Adaptations in Ancient Egyptian

Medicine", *Journal of Near Eastern Studies*, Vol. 59, No. 2 (2000), p. 112.

13 Rainer Hannig, Ägyptische Wörterbuch II: Mittleres Reich und Zweite Zwischenzeit, Teil 1, Hannig-Lexica 5, Meinz: Verlag Philipp von Zabern (2006), p 81.

14 고대 이집트인들에게 있어서 상상할 수 있는 최악의 상황 중 하나는 사후 영생의 필요조건이라 할 수 있는 미라와 분묘가 소실되는 것이다. 아울러 이와 같은 사생관死生觀 때문에 이집트인들은 외국에서 죽음을 맞이하는 것, 그리고 익사하는 것을 최악의 죽음으로 생각했다.

15 Jeffrey A. Lee, "Explaining the Plagues of Egypt", *The Skeptical Inquirer*, Vol. 28, No. 6 (2004), pp. 52-54; Stephen Mortlock, "The Ten Plagues of Egypt", *The Biomedical Scientist*, January 2019 Issue (2019), pp. 18-22, Reactive Media Group (accessed October 8, 2021), https://thebiomedicalscientist. net/science/ten-plagues-egypt.

16 Siro Igino Trevisanato, "Treatments for Burns in the London Medical Papyrus Show the First Seven Biblical Plagues of Egypt Are Coherent with Santorini's Volcanic Fallout", *Medical Hypotheses*, Vol. 66 (2006), pp. 193-196.

17 Siro Igino Trevisanato, *The Plagues of Egypt*, New Haven: Gorgias Press LLC (2005), pp. 93-115.

18 John S. Marr & Cutis D. Malloy, "An Epidemiological Analysis of the Ten Plagues of Egypt", *Caduceus*, Vol. 12, No. 1 (1996), pp. 7-24.

19 Bruno Halioua & Bernard Ziskid, *Medicine in the Days of the Pharaohs*, M. B. DeBevoise (tr.), Cambridge: The Belknap Press of Harvard University Press (2005), p. 201.

20 Ira Friedman & John Marr, "The Exodus Syndemic: The Epidemiology of the Tenth Plague", *Jewish Bible Quarterly*, Vol. 45, No. 1 (2017), p. 3 + Gale Academic Onefile (accessed October 8, 2021), https://link.gale.com/apps /doc/A519900079/AONE?u=anon-6406c4ab&sid=googleScholar&xid=17 7fa79b.

21 H. M. Duncan Hoyte, "The Plagues of Egypt: What Killed the Animals and the Firstborn?" *The Medical Journal of Australia*, Vol. 158 (1993), pp. 706-708.

22　Manfred Bietak, *Eine Palastanlage aus der Zeit des späten Mittleren Reiches und andere Forschungsergebnisse aus dem östlichen Nildelta* (Tell el-Dab'a 1979-1984), Anzeiger der philosophisch historischen Klass der Österreichischen Akademie der Wissenschaften 121 (1984), pp. 312–349.

23　중왕국 시대 제12왕조(기원전 1985~1773년)의 인테프 Intef 역시 자신의 장례석비 (BM 562)에서 긴 지팡이에 몸을 의지한 모습으로 묘사되는데 루마의 경우에는 오른쪽 어깨에 걸친 지팡이로 몸을 의지하면서 오른손으로는 헌주를 드리는 모습인 반면, 인테프는 오른손으로는 몸을 지지하기 위해 비스듬히 세워진 지팡이의 끝을 잡고 왼손으로는 중간 부분을 움켜쥔 상태로 서 있는 모습을 하고 있다. 지팡이에 대한 의존 정도와 인테프의 두상 등을 고려할 때 인테프의 장애는 소아마비가 아니라 뇌수종腦水腫, hydrocephalus 에 의한 것으로 추정된다. Douglas E. Derry, "A Case of Hydrocephalus in an Egyptian of the Roman Period", *Journal of Anatomy and Physiology*, Vol. 47 (1912~1913), pp. 436–458.

24　적출된 장기는 건조 후 기름이 채워진 '카노푸스 단지 canopic jar'라고 불리는 특수한 용기에 보관되었다. 신왕국 시대(기원전 1550~1069년) 이후 카노푸스 단지의 뚜껑에는 호루스의 아들 sons of Horus 이라고 불리는 네 명의 수호신 모습이 새겨졌는데 사람 모습을 한 임세티 Imsety 는 간을, 비비 원숭이의 모습을 한 하피 Hapy 는 폐를, 자칼의 모습을 한 두아무테프 Duamutef 는 위를, 매의 모습을 한 케베세누에프 Qebehsenuef 는 소장을 각각 보호한다고 여겨졌다.

25　미라에 대한 과학적 검시방법의 역사와 개별 미라의 증상 및 검시결과 등은 다음 참조: Salima Ikram & Aidan Dodson, *The Mummy in Ancient Egypt: Equipping the Dead for Eternity*, New York: Thames & Hudson (1998), pp. 95–102; Arthur C. Aufderheide, *The Scientific Study of Mummies*, Cambridge: Cambridge University Press (2003), pp. 1–21, 212–259; Halioua & Ziskid, *Medicine in the Days of the Pharaohs* (2005), pp. 53–65; A. Rosalie David, "Medical Science and Egyptology" in *Egyptology Today*, Richard H. Wilkinson (ed.), Cambridge: Cambridge University Press (2008), pp. 36–54; Michael E. Habicht, Abigail S. Bouwman, Frank J. Rühli, "Identifications of Ancient Egyptian Royal Mummies from the 18th Dynasty Reconsidered", *Yearbook of Physical Anthropology*, Vol. 159 (2016), pp. 216–231, Wiley Online Library (accessed October 18, 2021), DOI: 10.1002/ajpa.22909; Sonia Zakrzewski, Andrew Shortland, Joanne Rowland, *Science in the Study of Ancient Egypt*, Routledge Studies in Egyptology 3, New York: Routledge (2016), pp. 158–174.

고대 중근동의 팬데믹_문명의 어두운 동반자

26 중세 서아시아에서 고대 유물인 미라는 신비로운 치유의 힘을 가진 약재로 여겨졌으며 16세기부터는 유럽으로도 수출되기 시작했다. 아울러 유럽의 미라의 해체 역시 16세기부터 시작되었으나 당시 미라 해체의 동기는 과학적인 연구가 아니라 대부분 대중의 호기심 충족이었으며 그 결과 수많은 미라들이 아무런 과학적 소득도 없이 파괴되었다. 이와 같은 미라 해체 쇼 중 가장 초기의 사례 중 하나는 루이 14세Louis XIV(1638~1715년)의 이집트 주재 프랑스 영사였던 베누아 드 메예Benoit de Maillet(1656~1738년)가 1698년 프랑스 관광객들을 위해 미라를 해체한 사건을 들 수 있다. 베누아 드 메예는 해당 미라의 상태나 해체 이후의 결과에 대해 아무런 기록도 남기지 않았다. 소위 '과학적' 미라 해체는 주로 박물관에서 행해졌는데 여기에는 학자와 과학자들만이 참석할 수 있었다. 이와 같은 미라 해체를 시행한 인물 중에는 저명한 프랑스의 고고학자 가스통 마스페로Gaston Maspero(1846~1916년) 등이 포함된다. 이런 미라 해체 행사에는 종종 이집트의 왕 케디브(아랍어: خديو)가 참석하는 경우도 있었다. 그러나 이와 같은 '과학적' 미라 해체 역시 엄격한 과학적 절차에 따라 행해지지 않았으며 따라서 연구에 활용될 수 있는 정보는 전무하다고 할 수 있다. Ikram & Dodson, *The Mummy in Ancient Egypt* (1998), pp. 64－73; Brian Fagan, *The Rape of the Nile: Tomb Robbers, Tourists, and Archaeologists in Egypt*, Boulder: Westview Press (2004), pp. 31－36.

27 1881년 왕실에서 고용한 장인들의 집단 거주지인 데이르 엘-메디나Dier el-Medina(아랍어:المدينة دير) 근처의 귀족분묘(TT 320)에서 총 50구의 왕·왕비·왕족의 미라가 발견되었다. 제3중간기 제21왕조(기원전 1069~945년)의 관리들은 아문의 고위 신관 피네젬 2세Pinedjem II(기원전 990~969년)의 분묘였던 이곳을 도굴꾼들로부터 신왕국 시대 파라오들의 미라를 은닉할 비밀 장소로 사용했던 것이다. 한편 1898년에는 신왕국 시대(기원전 1550~1069년) 왕실 집단묘역이었던 왕가의 계곡Valley of the Kings 아멘호텝 2세Amenhotep II(기원전 1427~1400년)의 분묘(KV 35)에서 총 22구의 왕·왕비·왕족의 미라가 발견되었다. Nicholas Reeves, *Ancient Egypt: The Great Discoveries - A Year-by-Year Chronicle*, New York: Thames & Hudson (2000), pp. 64－66, 101－106.

28 Derek C. F. Harwood-Nash, "Computed Tomography of Ancient Egyptian Mummies", *Journal of Computer Assisted Tomography*, Vol. 3, No. 6 (1979), pp. 768－773.

29 이런 문제를 해결하기 위해 미라의 조직에 아세톤 20%가 함유된 수용액을 사용한 조직복원rehydration 과정이 제시되었다. Kurt H. Piepenbrink, Jens Frahm, Axel Haase, Dieter Matthael, "Nuclear Magnetic Resonance

Imaging of Mummified Corpses", *American Journal of Physical Anthropology*, Vol. 70, No. 1 (1986), pp. 27−28.

30 마크 아망드 루퍼는 1910년 조직연구를 위해 조직복원 방법을 정립한 인물이다. 그의 조직복원 방법은 조직검체를 탄산나트륨과 포르말린 1% 수용액에 34~48시간 담가 두는 것이었다. 조직복원 방법은 1955년 A. T. 샌디슨A. T. Sandison(1923~1982년)에 의해 개량되었다. A. T. Sandison, "The Histological Examination of Mummified Material", *Stain Technology*, Vol. 30 (1955), pp. 277−283.

31 William C. Boyd & Lyle G. Boyd, "An Attempt to Determine the Blood Groups of Mummies", *Proceedings of the Society for Experimental Biology and Medicine*, Vol. 31, No. 6 (1934), pp. 671−672.

32 Robert C. Connolly, "Kinship of Smenkhkare and Tutankhamen Affirmed by Serological Micromethod: Micro−determination of Blood Group Substance in Ancient Human Tissue", *Nature*, Vol. 224 (1969), p. 325; Habicht, Bouwman, Rühli, "Identifications of Ancient Egyptian Royal Mummies from the 18th Dynasty Reconsidered" (2016), pp. 223−225, Wiley Online Library (accessed October 18, 2021, DOI: 10.1002/ajpa.22909. 현재 이 미라는 투탕카멘의 유전학적 아버지, 즉 아멘호텝 4세/아켄아텐일 것으로 추정되며 최근 얼굴을 복원한 디지털 이미지가 공개된 바 있다. Francesco Maria Galassi, Micheal E. Habicht, Elena Varotto, Cicero Moraes, "FAPAB KV 55 Akhenaton", *FAPAB Research Center Media Release*, March 2021 Issue (2021), pp. 1−12, Academia (accessed October 18, 2021), https://www.academia.edu/45428522/FAPAB_KV_55_Akhenaton_media_release_March_8th_2021.

33 Svante Pääbo, "Molecular Cloning of Ancient Egyptian Mummy DNA", *Nature*, Vol. 314 (1985), pp. 644−645; "Preservation of DNA in Ancient Egyptian Mummies", *Journal of Archeological Science*, Vol. 12 (1985), pp. 411−417.

34 Carney D. Matheson, Rosalie David, Mark Spigelman, Helen D. Donoghue, "Molecular Confirmation of *Schistsoma* and Family Relationship in two Ancient Egyptian Mummies", *Yearbook of Mummy Studies*, Vol. 2 (2014), pp. 39−47.

35 Robert Hedges & Bryan A. Sykes, "The Extraction and Isolation of DNA from Archaeological Bone" in *Biological Anthropology and the Study of Ancient*

Egypt, W. Vivian Davies & Roxie Walker (eds.), London: British Museum Press (1993), pp. 98-103.

36 Edmund Tapp, "The Unwrapping of a Mummy" in *Manchester Museum Mummy Project: Multidisciplinary Research on Ancient Egyptian Mummied Remains*, Ann Rosalie David (ed.), Manchester: Manchester Museum (1979), pp. 83-93.

37 왕립 온타리오 박물관이 소장하고 있던 미라 중 테베 서안 데이르 엘-바흐리 Deir el-Bahri 의 집단 매장지에서 발굴된 제3중간기 제22왕조(기원전 945~715년)의 10대 소년 직조공 나크트 Nakht = ROM I에 대한 부검이 1974년 진행되었다. 다른 미라들과 달리 나크트 = ROM I의 미라에는 뇌와 다른 장기들이 적출되지 않고 그대로 보존되어 있었는데 앞서 언급된 바 있는 데렉 C. F. 하우드-내쉬 박사에 의해 1976년 미라로는 최초로 그의 뇌에 대한 컴퓨터 단층촬영이 시행되었다.

38 Janet M. Monge & Frank J. Rühli, "Anatomy of the Mummy: *Mortui Viventes Docent* - When Ancient Mummies Speak to Modern Doctors", *The Anatomical Record*, Vol. 298 (2015), pp. 935-940.

39 Zahi Hawass, Yehia Z. Gad, Somaia Ismail *et al.*, "Ancestry and Pathology in King Tutankhamun's Family", *Journal of American Medical Association*, Vol. 303, No. 7 (2010), pp. 638-647.

40 Nicholas Reeves, *The Complete Tutankhamun: The King · The Tomb · The Royal Treasure*, London: Thames & Hudson (1990), p. 178.

41 Christian Timmann & Christian G. Meyer, "King Tutankhamun's Family and Demise", *Journal of American Medical Association*, Vol. 303, No. 24 (2010), pp. 2473-2475. 말라리아와 겸상 적혈구 빈혈증의 유무는 서로 상충하므로 이에 대한 후속연구를 통해 이를 정확하게 규명할 필요가 있다.

42 미라에서의 기생충 감염 실태에 대한 통시적 연구는 다음 참조: Adauto Araújo, Luiz Fernando Ferreira, "Parasite Findings in Archeological Remains: A Paleogeographic View - The Findings in Africa", *Foundations of Paleoparasitology*, Luiz Fernando Ferreira, Karl J. Reinhard, Adauto Araújo (eds.), Rio de Janeiro: Editoria Fiocruz (2014), pp. 403-416.

43 Patricia Lambert-Zazulak, "The International Ancient Egyptian Mummy Tissue Bank at the Manchester Museum", *Antiquity*, Vol. 74, No. 283 (2000), pp. 44-48.

44   John F. Nunn, *Ancient Egyptian Medicine*, Norman: University of Oklahoma
      Press (1996), pp. 73‒74; Halioua & Ziskid, *Medicine in the Days of the Pharaohs*
      (2005), pp. 144‒145.

45   Dan Morse, Don R. Brothwell, Peter J. Ucko, "Tuberculosis in Ancient
      Egypt", *American Review of Respiratory Disease*, Vol. 90 (1964), pp. 524‒541;
      Jane E. Buikstra, Brenda J. Baker, Della C. Cook, "What Diseases Plagued
      the Ancient Egyptians? A Century of Controversy Considered" in *Biological
      Anthropology and the Study of Ancient Egypt*, W. Vivian Davies & Roxie Walker
      (eds.), London: British Museum Press (1993), pp. 24‒53. 네스파레한의 미
      라에서는 척추 후만증後彎症. kyphosis 이 뚜렷하게 발견되는데 결핵에 의한 척
      추염 tuberculosis spondylitis 으로 추정된다. 최근 연구에 따르면 결핵성 척추염
      의 증거는 선왕조 시대까지 거슬러 올라갈 수 있다. Bedeir, "Tuberculosis in
      Ancient Egypt" (2004), p. 3. 그러나 고대 이집트의 도상에는 등이 굽은 인물
      의 모습이 종종 등장하는데 현재로서는 이것이 결핵성 척추염에 의한 것인
      지 혹은 강직성 척추염ankylosing spondylitis 등과 같은 다른 질환에 의한 것인
      지를 확증할 수는 없다.

46   Timothy C. Winegard, *The Mosquito: A Human History of Our Deadliest Predator*,
      New York: Dutton (2020), pp. 1‒5.

47   원문의 한국어 번역은 다음을 참조했다: 헤로도토스, 『역사』, 천병희 옮김,
      파주: 도서출판 숲(2009), 214‒215쪽.

48   『에베르스 파피루스』에는 해충에 대한 방충제·기피제의 처방과 활용법이 소
      개되어 있는데 모기에 대해서는 모링가 나무(학명:*Moringa aptera*) 씨앗에서 착유한
      신선한 모링가유油, moringa oil 를 피부에 바를 것을 권고한다(*p.Ebers* § 846 = 97,21-
      98,1).

49   Robert L. Miller, Salima Ikram, George J. Armelagos, Roxie Walker *et al.*,
      "Diagnosis of *Plasmodium falciparum* Infections in Mummies Using the Rapid
      Manual *ParaSight*™‒F Test", *Transactions of the Royal Society of Tropical Medicine
      and Hygiene*, Vol. 88, No. 1 (1994), pp. 31‒32.

50   Andreas G. Nerlich, Bettina Schraut, Sabine Dittrich, Thomas Jelinek,
      Albert R. Zink, "*Plasmodium falciparum* in Ancient Egypt", *Emerging and
      Infectious Disease*, Vol. 14, No. 8 (2008), pp. 1317‒1319.

51   유야는 투탕카멘의 할아버지인 아멘호텝 3세Amenhotep Ⅲ(1390~1352년)의 장
      인이다. Hawass, Gad, Ismail *et al.*, "Ancestry and Pathology in King

Tutankhamun's Family" (2010), pp. 638-647.

52 Nicole E. Smith, *The Paleoepidemiology of Malaria in the Ancient Near East*, PhD Dissertation, Fayetteville: University of Arkansas (2015), pp. 91-103, ScholarWorks@UARK (accessed November 11, 2021), http://scholar-works.uark.edu/etd.

53 G. Dennis Shanks, Simon I. Hay, David J. Bradely, "Malaria's Indirect Contributions to All-Cause Mortality in the Andaman Islands during the Colonial Era", *The Lancet Infectious Disease*, Vol. 8, No. 9 (2008), pp. 564-570. 1872~1939년간 이집트의 나일강 유역과 같이 모기가 서식할 수 있는 습지가 많은 인도 벵골만 안다만 제도Andaman Islands 에서의 말라리아에 의한 전원인 사망률all-cause mortality 을 조사한 결과 말라리아의 대표적인 동반감염 질환인 결핵ㆍ이질ㆍ설사 등에 의한 사망률이 말라리아에 의한 직접적인 사망률에 필적하는 것으로 조사되었다.

54 Michael W. Dols, "Plague in Early Islamic History", Journal of the American Oriental Society, Vol. 94, No. 3 (1974), pp. 371-383; Bruno Halioua & Bernard Ziskid, *Medicine in the Days of the Pharaohs* (2005), pp. 123-124.

55 Eva Panagiotakopulu, "Fleas from Pharaonic Amarna", *Antiquity*, No. 75 (2001), pp. 499-500; "Pharaonic Egypt and the Origins of Plague", *Journal of Biogeography*, Vol. 31, No. 2 (2004), pp. 269-275. 한편 쥐벼룩의 대표적 숙주인 애급쥐black rat(학명:Rattus rattus)는 원래 아시아 열대 지역에 서식했으나 교역 등을 통해 적어도 그리스 지배기(기원전 332~30년)에는 메소포타미아를 거쳐 인도에서 이집트로 전파된 것으로 추정된다.

56 아프리카풀밭쥐는 고대 이집트의 도상에서도 발견된다. 가장 이른 예는 이집트 중부 베니 하산Beni Hasan 에 위치한, 중왕국 시대 제11왕조(기원전 2055~1650년)의 지방 호족 바케트 3세Baqet III 의 분묘(BH 15) 벽화에서 발견되며 신왕국 시대 제18왕조(기원전 1550-1295년)의 테베 귀족 멘나Menna 의 분묘(TT 69)에서는 나일강 습지에 서식하는 모습이 묘사되어 있다. Patrick F. Houlihan, *The Animal World of the Pharaohs*, London: Thames & Hudson (1996), p. 83, pl. XXIV.

57 Berry Kemp, *The City of Akhenaten and Nefertiti: Amarna and Its People*, London: Thames & Hudson (2012), pp. 271-272.

58 Christian Leitz, *Tagewählerei: Das Buch HAt nHH pH.wy Dt und verwandte Texte*, Wiesbaden: Harrassowitz Verlag (1994), pp. 205−207.

59 화살과 역병의 상징적 관계에 대해서는 앞의 주석 제2장 2번 참조.

제3장

1 Mario Liverani, "The Great Powers' Club" in *Amarna Diplomacy: The Beginnings of International Relations*, Raymond Cohen & Raymond Westbrook (eds.), Baltimore−London: The Johns Hopkins University Press (2000), pp. 15−27; Mieroop, *A History of the Ancient Near East: ca. 300-323 BC* (2004), pp. 129−148.

2 바빌로니아와 교환한 외교서신의 경우 그 기간은 아멘호텝 3세 치세 말기에서 투탕카멘 치세 초기에 해당하며 바빌로니아는 카다쉬만−엔릴 1세 Kadashman−Enlil I(기원전 1374~1360년)와 부르나부리아쉬 2세 Burnaburiash II(기원전 1359~1333년)의 치세에 해당한다. 아시리아와 교환한 외교서신의 경우 그 기간은 아멘호텝 4세/아켄아텐 말기에 해당하며 아시리아는 아슈르−우발리트 Assur−uballit(기원전 1363~1328년)의 치세에 해당한다. 미탄니와 교환한 외교서신의 경우 그 기간은 아멘호텝 3세 치세 말기에서 아멘호텝 4세/아켄아텐 치세 말기에 해당하며 미탄니는 아르타타마 1세 Artatma I(기원전 1380년 전후)와 슛타르나 2세 Shuttarna II(기원전 1380년 전후)의 치세에 해당한다. 히타이트와 교환한 외교서신의 경우 그 기간은 아멘호텝 4세/아켄아텐 치세 말기에서 투탕카멘 치세 말기에 해당하며 히타이트는 수필룰리우마 1세 Suppiluliuma I(기원전 1344~1322년)의 치세에 해당한다(표6).

3 '제1차 세계화 시대'의 국제 네트워크에 대해서는 다음 참조: Eric H. Cline, *1177 B.C.: The Year Civilization Collapsed*, Princeton: Princeton University Press (2014), pp. 53−57, fig. 7.

4 Mieroop, *A History of the Ancient Near East, ca. 3000-323 BC* (2004), p. 131.

5 William L. Moran, *The Amarna Letters*, Baltimore−London: Johns Hopkins University Press (1992), p. 170; Anson F. Rainey Z"L, *The El-Amarna Correspondence: A New Edition of the Cuneiform Letters from the Site of El-Amarna Based on Collations of All Extant Tables*, Vol. 1, William Schniedewind and Zipora Cochavi−Rainy (eds.), Handbuch der Orientalistik, Vol. 110, London−Boston: Brill (2015), pp. 540−541.

6   수무르는 오늘날의 시리아에 위치한 고대 도시국가이다. 아시리아 시대
    의 시미라Simirra 와 동일한 도시일 것으로 추정된다. Trevor Bryce, *The
    Routledge Handbook of the Peoples and Places of Ancient Western Asia: The Near East
    from the Early Bronze Age to the Fall of the Persian Empire*, London-New York:
    Routledge (2009), p. 672. 비블로스는 오늘날의 레바논에 위치한 고대 도시
    국가로서 고왕국 시대부터 이집트에 목재를 수출하던 교역국가였다.

7   Moran, *The Amarna Letters* (1992), pp. 298-299; Rainey Z"L, *The El-Amarna
    Correspondence* (2015), pp. 1000-1003.

8   Moran, *The Amarna Letters* (1992), p. 299, no. 5. 해당 어휘를 문맥에 따라
    "질병" · "전염병" · "역병" 등으로 번역한 경우도 찾아볼 수 있다: William F.
    Albright, "Akkadian Letters" in *Ancient Near Eastern Texts Relating to the Old
    Testament*, James B. Pritchard (ed.), Princeton: Princeton University Press,
    (1969), p. 485; Edward F. Campbell, "Shechem in the Amarna Archive" in
    Shechem: the Biography of a Biblical City, George Ernest Wright (ed.), London:
    Gerald Duckworth (1965), p. 193. 전자의 경우 한국어 번역에도 그대로 적용
    되었다. 제임스 B. 프리처드(편집), 김구원(책임감수), 『고대 근동 문학 선집』 중
    올브라이트(원역), 「2. 아마르나 편지」, 고대 근동 시리즈 13, 서울: 기독교문
    서선교회(2016), 785-786쪽. 한편 이 어휘를 "스올의 먼지Dust of the Sheol" 혹
    은 "명계"로 보는 견해도 있다. Édouard Dhorme, "Les nouvelles Tablettets
    d'El-Amarna", *Revue Biblique*, Vol. 331, No. 1 (1924), p. 16, no. 3. 그러나
    윌리엄 L. 모런William L. Moran(1921~2000년)이 이미 지적한 바, "스올의 먼지"로
    인해 사람이 죽지는 않는다.

9   Moran, *The Amarna Letters* (1992), pp. 107-109; Rainey Z"L, *The El-Amarna
    Correspondence* (2015), pp. 340-343.

10 Hara Georgiou, "Relations between Cyprus and the Near East in the
    Middle and Late Bronze Age", *Levant: The Journal of the Council for British
    Research in the Levant*, Vol. 11, No. 1 (1979), p. 96.

11 Moran, *The Amarna Letters* (1992), p. 108, no. 3.

12 Jeremy Black & Anthony Green, *Gods, Demons and Symbols of Ancient
    Mesopotamia: An Illustrated Dictionary*, Austin: University of Texas Press (1992),
    pp. 135-136. 고대 메소포타미아의 신화 및 서사문학 작품에서 네르갈이 등
    장하는 대표적인 작품은 다음과 같다: (1) 『엔릴과 닌릴Enlil and Ninlil』에서는 자
    신의 도시 니푸르Nippur 에서 추방된 엔릴을 따라가던 닌릴이 여정에서 성문

문지기와 결합하여 '기쁨에서 나온 젊은이' 네르갈이 태어난다; (2) 『길가메시 서사시Epic of Gilgamesh』에서 네르갈은 지혜의 신 엔키Enki/에아Ea 의 요청을 받아들여 지하세계에 내려간 엔키두Enkidu 가 길가메시를 만날 수 있도록 허락한다; (3) 『네르갈과 에레쉬키갈Nergal and Ereshkigal』에서는 에레쉬키갈의 호명을 받고 지하세계로 내려간 네르갈이 에레쉬키갈과 결합한 후 명계의 왕의 지위를 획득한다; (4) 『에라와 이슘Erra and Ishum』에서 에라와 동일시된 네르갈은 *ilū sebettu* "일곱 신들Seven Gods"을 거느리고 전투에 임한다. 네르갈과 에라는 원래는 다른 신이었으나 이후 습합되어 같은 신으로 취급되었다. 네르갈은 또한 악한 『우둑 귀신Utukku Lemnutu』등과 같은 악령을 쫓는 구마 기도문·주문에서도 '운명신'으로 등장한다.

13 Richard H. Wilkinson, *The Complete Gods and Goddesses of Ancient Egypt*, London: Thames & Hudson (2003), pp. 126−127.

14 Javier Teixidor, "The Phoenician Inscriptions of the Cesnola Collection", *Metropolitan Museum Journal*, Vol. 11 (1976), p. 65. 화살과 역병의 상징적 관계에 대해서는 앞의 주석 제2장 1번 참조.

15 Irene Shirun−Grumach, "Bedeutet 'in der Hand des Gottes' Gottesfurcht?" in *Studies in Egyptology Presented to Miriam Lichtheim*, Vol. 2, Sarah Israelit−Groll (ed.), Jerusalem: Magnes Press, the Hebrew University (1990), pp. 836−852.

16 Jean−Marie Durand, *Archives Épistolaires de Mari I/1*, Archives Royales de Mari XXVI, Paris: Editions Recerche sur les Divilisations (1988), pp. 561−562; Wolfgang Heimpel, *Letters to the King of Mari: A New Translation, with Historical Introduction, Notes and Commentary*, Winona Lake: Eisenbrauns (2003), p. 277.

17 Jeremy Black, Andrew George, Nicholas Postage, *A Concise Dictionary of Akkadian*, SANTAG Arbeiten und Untersuchungen zur Keilschriftkunde, Vol. 5, Wiesbaden: Harrassowitz Verlag (2000), p. 420.

18 「마리 서신 26.260 = A.2229+M.11478」이후의 서신들 역시 감염병을 서신의 주제 중 하나로 다루고 있다. 「마리 서신 26.261 = A.4315」는 신께서 역병을 주룹반Zurubban 과 자파드Zapad 에 퍼뜨렸다는 내용을 보고하고 있으며 「마리 서신 26.263 = A.35666」은 티룸Tirum 에서 시신을 매장하는 것과 관련된 간점이 행해졌고 신탁에 따라 매장이 진행되었으며 주술사들이 도시에 대한 정화의식을 거행했다는 사실이 기술되어 있다. 주룹반과 자파드

의 거리가 가깝지 않다는 점을 고려할 때 「마리 서신 26.260」에 묘사된 전염병은 제법 상당한 규모였을 것으로 추정된다. 아울러 티룸에서는 시신을 매장하는 것과 관련하여 간점이 행해지고 주술사들이 정화의식을 했다는 기록은 있으나 *asûm* "의사"에 대한 언급이 없다는 것은 주목할 만하다. 이는 감염병에서 의사들이 할 수 있었던 역할이 제한적이었을 것이라는 점, 그리고 (그 결과) 감염병을 의학이 아닌 종교적 관점에 바라보았다는 것을 시사한다. Markham J. Geller, *Ancient Babylonian Medicine: Theory and Practice*, West Sussex: Wiley-Blackwell (2015), p. 69. 「마리 서신 26.264 = M.7599」와 「마리 서신 26.265 = A.2619」는 '신의 손'이 누그러졌다는 내용과 함께 감염병으로 사망한 여성 직조공 · 농민 · 죄수 등의 명단이 작성되었음을 보고하고 있다. 특히 「마리 서신 26.261 = A.4315」는 흥미롭게도 이 서신을 작성한 당사자인 이크슈드-압파슈Ikshud-Appashu가 감염병에 걸려 왕에게로 가는 일정이 연기되었음을 알리고 있다(13-15행).: *ṣe₂-tum ih-mu-ɔa₂-an-ni | mar-ṣa-ku a-la-kam | a-na ṣe-er be-li₂-ia* "(그리고) 저는 고열로 몸이 끓고 있습니다. 저는 아픕니다. 저는 제 주께 갈 수 없습니다." Durand, *Archives Épistolaires de Mari I/1* (1988), pp. 563-567; Heimpel, *Letters to the King of Mari* (2003), pp. 277-279. 앞서 언급된 「마리 서신 10.129」와 이들 서신을 통해 기원전 18세기 마리 지역에 감염병이 자주 발생했다는 것을 미루어 짐작할 수 있다. 이와 같은 추정은 「마리 서신」이 활발하게 작성되던 시기보다 약간 앞선 남부 메소포타미아의 도시국가 라르사Larsa의 왕 신-잇디남Sin-iddinam(기원전 1849~1843년) 치세에 발생한 감염병에 대하여 왕이 태양신이자 라르사의 주신인 우투Utu에게 탄원하는 『우투에 대한 탄원Appeal to Utu』을 작성했다는 사실을 통해서도 뒷받침된다. William W. Hallo, "The Royal Correspondence of Larsa: II. The Appeal to Utu" in *The World's Oldest Literature: Studies in Sumerian Belles-Lettres*, Leiden-Boston: Brill (2010), pp. 357-359.

19 André Caquot, Jean-Michel de Tarragon, Jesus-Luis Cunchillos, *Textes ougaritiques II: Textes religieux et rituels correspondance*, Littératures anciennes du Proche-Orient, Paris: Les Éditions du Cerf (1989), pp. 269-270. 참고로 기독교 문헌에서 발견되는 "신의 손"과 관련된 언급 중 "주의 손"이 신의 섭리를 의미하는 경우는 다음과 같다: (1) "그러나 여호와여, 내가 주를 신뢰하고 '주는 나의 하나님이라'고 말합니다. 내 일생은 주의 손에 달려 있습니다. 내 원수들과 나를 추격하는 자들에게서 나를 구하소서"(「시편」30:14-15); (2) "그러므로 여러분은 능력이 많으신 하나님 앞에서(직역하면, 하나님의 막강한 손 아래로) 자신을 낮추십시오. 때가 되면 하나님이 여러분을 높여주실 것입니다"(「베드로전서」5:6). 한편 "신의 손"이 신의 징벌, 특히 역병을 의미하는 경우는 다음과

같다.: (3) "주의 손이, 들에 있는 너[파라오]의 집짐승들 곧 나귀와 낙타와 소
와 양 떼를 쳐서, 심히 무서운 병이 들게 할 것이다 …… 내가 팔을 뻗어서
무서운 질병으로 너와 너의 백성을 쳤다면, 너는 이미 세상에서 사라졌을 것
이다"(「탈출기」9:6, 15).; (4) "주님께서 아스돗 사람들을 무섭게 내리치셨다. 주님
께서 그들에게 악성 종양 재앙을 내리셔서, 아스돗과 그 지역 사람들을 망하
게 하셨다"(「사무엘상」5:6).; (5) "내 친구들이여, 나를 좀 불쌍히 여겨다오. 하나님
의 손이 나를 치셨다"(「욥기」19:21).

20 Lennart Helbing, *Alashia Problems*, Studies in Mediterranean Archaeology
57, Göteborg: Paul Åström (1979), pp. 14−16; Rainey Z"L, *The El-Amarna
Correspondence* (2015), p. 18, p. 1380.

21 Moran, *The Amarna Letters* (1992), pp. 21−23; Rainey Z"L, *The El-Amarna
Correspondence* (2015), pp. 100−101.

22 고대 이집트에서는 대대적인 대외원정을 통한 영토확장이 마무리된 신왕국
시대 제18왕조의 투트모세 4세 Thutmose IV(기원전 1400~1390년) 이후 왕실 간의
결혼을 통한 동맹관계를 수립하는 외교정책이 본격적으로 시행되었는데 이
에 따른 국가 간 정략결혼은 아멘호텝 3세 치세에 절정을 맞은 후 제19왕조
의 람세스 2세 치세까지 이어졌다. 서신에 언급된 바빌로니아의 왕녀 이외에
도 아멘호텝 3세는 미탄니의 왕 슛타르나 2세의 딸 길루헤파 Gilukhepa 를 아내
로 맞아들였으며 슛타르나 2세의 아들 투쉬라타 Tushratta(기원전 1380~1340년경)의
딸 타두헤파 Tadukhepa 도 아내로 맞아들였다. 이들 미탄니의 왕녀 2명 이외에
도 아멘호텝 3세는 시리아의 왕녀 2명, (앞서 언급된 1명의 왕녀를 포함하여) 바빌로
니아의 왕녀 2명, 아르자와 왕녀 1명 등 총 7명의 왕비를 해외로부터 맞았다.
왕실 간의 정략결혼이 외교의 수단으로 광범위하게 시행되던 '강대국 클럽'
의 시기에도 이집트의 왕녀가 다른 나라로 시집을 가는 경우는 없었다. 바빌
론의 왕 카다쉬만−엔릴이 이에 대해 이의를 제기했으나 아멘호텝 3세는 역
사적 전례가 없다는 이유로 이집트 왕녀의 국제결혼 가능성을 일축했다.(「아
마르나 외교서신」4번 토판(EA 4:4-9행)): *[ap-pu-na-m]a at-ta ŠEŠ-ia ki-i la na-d[a-
ni-im-ma]* | *[a]-na DUMU.MUNUS-ka a-na a-ha-zi ki-i aš₃-pu-ra-[ak-ku
tal-ta-ap-ra]* | *um-ma-a ul-tu₄ pa-na DUMU.MUNUS LUGAL ša KUR
mi-iṣ-[ri-i]* | *a-na ma-am-ma ul in-na-ad-di-in am-mi-ni l[a in-na-ad-di-
in]* | *LUGL at-ta ki-i ŠA₃-ka te-ep-[pu-uš]* | *šum-ma ta-at-ta-di-in ma-
an-nu mi-na-a i-[qa-ab-bi]* "[더구나] 나의 형제인 그대[아멘호텝 3세]는
내[카다쉬만−엔릴]가 그대의 딸과 결혼하는 것에 대한 사안과 관련한 서신
을 그대에게 보냈을 때 (딸을) 주지 않는다는 것에 대하여 [나에게 이렇게 답

신하셨네]. '고래古來로 이집트 왕의 딸이 (누군가에게) 주어진 적은 없었네.' 왜 [아무도 주어지면] 안 되는가? 그대는 왕이니 그대가 원하는 대로 [할] 수 있네. 그대가 (딸을) 주고자 한다면 누가 무어라 [할 수 있겠는가]?" Moran, *The Amarna Letters* (1992), pp. 8–10; Rainey Z"L, *The El-Amarna Correspondence* (2015), pp. 72–73. 한편 타두헤파가 이집트에 도착한 지 얼마 되지 않아 아멘호텝 3세가 사망함에 따라 이후 그녀는 아켄아텐의 왕비가 되었다.

23 Aidan Dodson, *Amarna Sunset: Nefertiti, Tutankhamun, Ay, Horemheb, and the Egyptian Counter-Reformation*, Cairo: American University in Cairo Press (2009), p. 17.

24 Donald B. Redford, *Akhenaten: The Heretic King*, Princeton: Princeton University Press (1984), p. 187; Hans Goedicke, "The Canaanite Illness", *Studien zur altägyptischen Kultur*, Vol. 11 (1984), p. 92; Joyce A. Tyldesley, *Nefertiti: Unlocking the Mystery Surrounding Egypt's Most Famous and Beautiful Queen*, London: Penguin Books (1999), pp. 150–151. 이들 중 메리타텐은 부왕인 아켄아텐과 근친혼 관계였고 그의 자녀를 낳다 분만 도중 사망한 것으로 추정된다. 고대 이집트에서도 일반인들에게는 금기로 여겨졌던 근친혼이 왕실에서만은 허용된 이유는 왕실의 직계혈통과 왕실재산을 보호한다는 실용적인 목적도 있었으나 이집트 창세신화와 「오시리스 신화Osirian Cycle」에서 남신들이 완벽한 혹은 유일한 배우자인 누이들과 결혼한다는 신화적 선례가 존재하기 때문이다. 왕실의 근친혼은 대개 이복 남매 사이에서 행해졌는데 그 예로는 신왕국 시대 제18왕조 투트모세 1세Thutmose I(기원전 1504~1492년)의 아들 투트모세 2세Thutmose II(기원전 1492~1479년)가 이복 누이 하트셉수트Hatshepsut(기원전 1473~1458년)를 정비로 맞아들인 경우와, 제19왕조의 투탕카멘이 이복 누나인 앙케센아문Ankhesenamun과 결혼한 경우를 들 수 있다. 한편, 신왕국 시대 왕들은 자신의 친딸과 결혼하기도 했는데 제18왕조의 파라오 아멘호텝 3세는 장녀 시타문Sitamun과 결혼했으며 제19왕조의 람세스 2세 또한 자신의 딸들인 빈타나트 1세Bintanath I·메리타문Meritamun·네베트타위Nebttawi와 결혼했다(결혼 후 이들에게는 모두 정비의 지위가 부여되었다). 근친혼에 대한 현대의 부정적인 인식을 의식한 일부 이집트학자들은 이들의 결혼이 상징적인 수준에 그쳤다고 주장하지만 (이복) 누이 혹은 친딸과의 결혼에서 실제로 자녀가 탄생하는 경우도 있었는데 메리타텐이 바로 그런 경우이다. 현대인들에게는 지극히 혐오스러운 것으로 여겨지는 왕실 근친혼이 이집트 사회에서 용납될 수 있었던 것은 앞서 언급한 것과 같이 이에 대한 신화적 선례가 존재하고 왕은 다른 모든 인간과는 구별되는 신적인 존재였기 때문이다.

25 Hans Gustav Güterbock, "The Deeds of Suppiluliuma as Told by His Son,

Mursili II (Continued)", *Journal of Cuneiform Studies*, Vol. 10, No. 3 (1956b): p. 94 (= J. B. Pritchard, ANET, 319); Alan R. Schulman, "cAnkhesenamūn, Nofretity, and the Amka Affair", *Journal of the American Research Center in Egypt*, Vol. 15 (1978): 47, no. 1.

26 Hans Gustav Güterbock, "The Deeds of Suppiluliuma as Told by His Son, Mursili II", *Journal of Cuneiform Studies*, Vol. 10, No. 2 (1956a): pp. 47−48.

27 Bob Brier, *The Murder of Tutankhamen: A 3000-Year-Old Murder Mystery*, London: Berkley Books (1998), pp. 175−208; Dodson, *Amarna Sunset* (2009), pp. 89−94. 이로서 히타이트의 왕자와 결혼하고자 했던 앙케센아문의 계획 은 실패로 끝났고 두 번째 서신을 마지막으로 그녀는 역사의 무대에서 완전 히 사라졌으며 그녀의 분묘는 현재까지도 발견되지 않았다.

28 Hans Gustav Güterbock, "The Deeds of Suppiluliuma as Told by His Son, Mursili II (Continued)", *Journal of Cuneiform Studies*, Vol. 10, No. 4 (1956c): pp. 107−108.

29 Hans Gustav Güterbock, "Some Aspects of Hittite Prayers" in *The Frontiers of Human Knowledge: Lectures at the Quincentenary Celebrations of Uppsala University, 1977*, Torgny T. Segerstedt (ed.), Uppsala: Uppsala University (1978): pp. 136−137. 한편 『역병에 대한 무르실리 2세의 기도』에서 무리실리 2세는 히 타이트 태양의 여신 아린나 Arinna, 강우 · 농경 · 식물신 텔레피누 Telepinu, 풍우신 하티, 그리고 여타 여러 신들의 동아리를 대상으로 기도를 올린다. Itamar Singer, *Hittite Prayers*, Writings from the Ancient World, Vol. 11, Harry A. Hoffner, Jr. (ed.), Georgia: Society of Biblical Literature (2002), pp. 8−9; Paul Sanders, "*Argumenta ad Deum* in the Plague Prayers of Mursili II and in the Book of Psalms" in *Psalms and Prayers: Papers Read at the Joint Meeting of the Society for Old Testament and Het Out Testamentisch Werkgezelschap in Nederland en België, Apeldoorn August 2006*, Oudtestmentische Studiën, Vol. 55, Eric Peels & Bob Becking (eds.), Leiden−Boston: Brill (2007), p. 183, nos. 7−10.

30 Wolfgang Helck, *Die Beziehungen Ägyptens zu Vorderasien im 3. und 2. Jahrtausend v. Chr.*, Wiesbaden: Harrassowitz Verlag (1962), pp. 186−187; Sirgo Igino Trevisantato, "The 'Hittite Plague', An Epidemic of Tularemia and the First Record of Biological Warfare", *Medical Hypotheses*, Vol. 69 (2007b), pp. 1372−1373.

31 "역병"을 의미하는 여타 악카드어 어휘로는 *šibtu(m)* "역병"·"윤질"(CAD Š 387); *šibbu(m)* / *šību(m)* "질병"(CAD Š 399) 등을 들 수 있다. 한편 "간질" 및 관련 동사에 대해서는 앞의 주석 제2장 10번 참조.

32 Graciela Gestoso Singer, "Beyond Amarna: The "Hand of Nergal" and the Plague in the Levant, *Ugarit Forschungen*, Vol. 48 (2017), pp. 241–242.

33 Goedicke, "The Canaanite Illness" (1984), pp. 93–105.

34 Ruben Rumbaut, "The Great Pox: The French Disease in Renaissance Europe", *Journal of American Medical Association*, Vol. 278, No. 5 (1997), p. 440; Adam Winters, *Syphilis*, New York: Rosen Publishing Group (2006), p. 17.

35 예를 들어, 윌리엄 셰익스피어William Shakespeare(1564~1616년)의 역사극『헨리 5세Henry V』제5막 1장에 언급되는 *Malady of France* "프랑스 병"이 이 용례에 해당한다. 아울러 한국의 경우 1970년대 "월남"이 이와 같은 용례로 관형사처럼 사용되었는데 그 결과 "월남 붕어"·"월남 치마"·"월남 화장실"·"월남 뽕" 등과 같은 낱말들이 파생되었다. 이윤기,『노래의 날개』중「삼각함수」, 서울: 민음사 (2003), 177~181쪽.

36 제2중간기 기간의 "아시아 병"의 확산 가능성과 관련하여 앞서 언급된 비에탁의 아바리스 발굴결과를 고려해볼 수 있으나('고대 이집트 시대 감염병의 고고학적 정황증거' 참조) 비에탁이 발굴한 지층은 본격적인 힉소스 지배기인 제15왕조(기원전 1650~1550년)보다 시기적으로 앞서며 따라서 "아시아 병"과 힉소스 지배기 간의 상관관계─예컨대, 질병의 명칭이 힉소스 지배기의 힉소스인 = 아시아인에서 파생되었는지 여부─역시 확증할 수 없다. Orly Goldwasser, "King Apophis and the Emergence of Monotheism" in *Timelines: Studies in Honour of Manfred Bietak*, Vol. II, Ernst Czerny *et al* (eds.), Orientalia Lovaniensia Analecta 149/II, Leuven: Peeters (2006), p. 129, no. 4.

37 아울러『에베르스 파피루스』에 포함되어 있는 쥐를 예방하는 방법(예: *p.Ebers*, § 847 = 98,1-2; § 849 = 98,6-9) 및 벼룩을 예방하는 방법(예: *p.Ebers*, § 157 = 33,6-8)이 고대 이집트에서 흑사병이 존재했다는 증거로 제시되기도 하나 이들 모두 정황적인 증거일 뿐이다. Halioua & Ziskid, *Medicine in the Days of the Pharaohs* (2005), p. 123. 전염되기도 하는데 벼룩의 흔적 역시 텔 엘–아마르나에서 발견된 바 있다. Eva Panagiotakopulu & Paul C. Buckland, "The Bed Bug, *Cimex lectularius L.* from Pharaonic Egypt", *Antiquity*, Vol. 73 (1999), pp. 908–911.

38 Trevisantato, "The 'Hittite Plague', An Epidemic of Tularemia and the

First Record of Biological Warfare" (2007), pp. 1373−1374. 상기 논문의 필자는 여호와의 궤가 안치되었던 아스돗에 퍼진 질병(『구약성서』「사무엘상」4:3-7:1) 또한 야토병이었을 것으로 추정한다. *Idem.*, "The Biblical Plague of the Philistines Now Has A Name, Tularemia", *Medical Hypotheses*, Vol. 69 (2007a), pp. 1144−1146.

39 Jose I. Martin−Serradilla, Angel L. Guerrero−Peral, Elena Laherran, "Was the 'Hittite Plague' an Epidemic of Tularemia?" *Medical Hypotheses*, Vol. 71, No. 1 (2008), pp. 154−155.

나가며

1 안치용, 『코로나 인문학』, 파주시: 김영사 (2021), 12−55쪽.

2 청동기 시스템 붕괴에 대해서는 다음 참조: Cline, *1177 B.C.: The Year Civilization Collaped* (2014), pp. 139−170.

참고문헌

김선자, 『김선자의 중국신화 이야기』, 서울: 아카넷(2004).

문갑순, 『사피엔스의 식사: 인류가 선택한 9가지 식품』, 파주: 21세기북스(2018).

안치용, 『코로나 인문학』, 파주시: 김영사(2021).

여인석·강신익·신동원 외, 『의학 오디세이』, 서울: 역사비평사(2007).

유성환, 「『벤트라시 석비』 - 위작 역사기술 및 신화학적 분석」, 『서양고대사연구』, 제 48집(2017): 7-52.

이윤기, 『노래의 날개』 중 「삼각함수」, 서울: 민음사(2003).

장항석, 『판데믹 히스토리』, 서울: 시대의창(2018).

정재서, 『정재서 교수의 이야기 동양신화: 동양의 마음과 상상력 읽기』, 서울: 황금 부엉이(2004).

조철수, 『수메르 신화』, 서울: 서해문집(2003).

주경철, 『문명과 바다』, 서울: 도서출판 산처럼(2009).

최강석, 『바이러스 쇼크』, 서울: 매경출판(2020).

투키디데스, 『펠로폰네소스 전쟁사』, 천병희 옮김, 파주: 도서출판 숲(2011).

헤로도토스, 『역사』, 천병희 옮김, 파주: 도서출판 숲(2009).

홍성익, 「'진염병 → 감염병'으로 변경」, 『의학신문』, 2009년 12월 31일. http://www.bosa.co.kr/news/articleView.html?idxno=146843.

홍윤철, 『질병의 탄생: 우리는 왜, 어떻게 질병에 걸리는가』, 서울: 사이(2014).

Albright, William F., "Akkadian Letters" in *Ancient Near Eastern Texts Relating to the Old Testament*, James B. Pritchard (ed.), Princeton: Princeton University Press, (1969): 482-490.

Allen, James P., *The Art of Medicine in Ancient Egypt*, New York: The Metropolitan Museum of Art (2005).

Araújo, Adauto, Luiz Fernando Ferreira, "Parasite Findings in Archeological Remains: A Paleo-geographic View — The Findings in Africa", *Foundations of Paleoparasitology*, Luiz Fernando Ferreira, Karl J. Reinhard, Adauto Araújo (eds.), Rio de Janeiro: Editoria Fiocruz (2014): 403-416.

Aufderheide, Arthur C., *The Scientific Study of Mummies*, Cambridge: Cambridge University Press (2003).

Barquet, Nicolau, "Smallpox: The Triumph over the Most Terrible of the Ministers of Death", *Annals of Internal Medicine*, Vol. 127, No. 8-1 (1997): 635-642.

Bedeir, Saleh A., "Tuberculosis in Ancient Egypt" in *Tuberculosis*, M. Monir Madkour (ed.), Berlin-Heidelberg: Springer-Verlag (2004): 3-13.

Bietak, Manfred, *Eine Palastanlage aus der Zeit des späten Mittleren Reiches und andere Forschungsergebnisse aus dem östlichen Nildelta (Tell el-Dab'a 1979-1984)*, Anzeiger der philosophisch historischen Klass der Österreichischen Akademie der Wissenschaften 121 (1984).

Black, Jeremy, Anthony Green, *Gods, Demons and Symbols of Ancient Mesopotamia: An Illustrated Dictionary*, Austin: University of Texas Press (1992).

Black, Jeremy, Andrew George, Nicholas Postage, *A Concise Dictionary of Akkadian*, SANTAG Arbeiten und Untersuchungen zur Keilschriftkunde, Vol. 5, Wiesbaden: Harrassowitz Verlag (2000).

Boyd, William C. Boyd, Lyle G. Boyd, "An Attempt to Determine the Blood Groups of Mummies", *Proceedings of the Society for Experimental Biology and Medicine*, Vol. 31, No. 6 (1934): 671-672.

Bramble, Dennis M., Daniel E. Lieberman, "Endurance Running and the Evolution of *Homo*", *Nature*, Vol. 432 (2004): 345-352.

Brier, Bob, *The Murder of Tutankhamen: A 3000-Year-Old Murder Mystery*, London: Berkley Books (1998).

Bryce, Trevor, *The Routledge Handbook of the Peoples and Places of Ancient Western Asia: The Near East from the Early Bronze Age to the Fall of the Persian Empire*, London-New York: Routledge (2009).

Buikstra, Jane E., Brenda J. Baker, Della C. Cook, "What Diseases Plagued the Ancient Egyptians? A Century of Controversy Considered" in *Biological Anthropology and the Study of Ancient Egypt*, W. Vivian Davies & Roxie Walker (eds.), London: British Museum Press (1993): 24−53.

Byrne, Katherine, *Tuberculosis and the Victorian Literary Imagination*, Cambridge Studies in Nineteenth−Century Literature and Culture Series, No. 74, Cambridge: Cambridge University Press (2010).

Campbell, Edward F., "Shechem in the Amarna Archive" in *Shechem: the Biography of a Biblical City*, George Ernest Wright (ed.), London: Gerald Duckworth (1965): 191−207.

Caquot, André, Jean−Michel de Tarragon, Jesus−Luis Cunchillos, *Textes ougaritiques II: Textes religieux et rituels correspondance*, Littératures anciennes du Proche−Orient, Paris: Les Éditions du Cerf (1989).

Carrier, David R., A. K. Kapoor, Tasuku Kimura, *et al.*, "The Energetic Paradox of Human Running and Hominid Evolution", *Current Anthropology*, Vol. 25, No. 4 (1984): 483−495.

Cliff, Andrew, Peter Hagget, Matthew Smallman−Raynor, *Measles: An Historical Geography of a Major Human Viral Disease from Global Expansion to Local Retreat, 1840-1990*, Oxford−Cambridge: Blackwell Publishing (1993).

Cline, Eric H., *1177 B.C.: The Year Civilization Collapsed*, Princeton: Princeton University Press (2014).

Connolly Robert C., "Kinship of Smenkhkare and Tutankhamen Affirmed by Serological Micromethod: Micro−determination of Blood Group Substance in Ancient Human Tissue", *Nature*, Vol. 224 (1969): 325.

Crawford, Dorothy H., *Deadly Companions: How Microbes Shaped Our History*, Oxford: Oxford University Press (2007).

David, A. Rosalie, "Medical Science and Egyptology" in *Egyptology Today*, Richard H. Wilkinson (ed.), Cambridge: Cambridge University Press (2008).

Davis, William, *Wheat Belly: Lose the Wheat, Lose the Weight, and Find Your Path Back to Health*, New York: Rodale Inc. (2014).

Derry, Douglas E., "A Case of Hydrocephalus in an Egyptian of the Roman Period", *Journal of Anatomy and Physiology*, Vol. 47 (1912−1913): 436−458.

Dhorme, Édouard, "Les nouvelles Tablettets d'El—Amarna", *Revue Biblique*, Vol. 331, No. 1 (1924): 5—32.

Diamond, Jared, "The Worst Mistake in the History of Human Race", *Discover Magazine* (1987): 64—66.

_____, *Guns, Germs, and Steel*, New York: W. W. Norton & Co. (1999).

Dodson, Aidan, *Amarna Sunset: Nefertiti, Tutankhamun, Ay, Horemheb, and the Egyptian Counter-Reformation*, Cairo: American University in Cairo Press (2009).

Dols, Michael W., "Plague in Early Islamic History", Journal of the American Oriental Society, Vol. 94, No. 3 (1974): 371—383.

Dore, Maria P., Antonia R. Sepulveda, Hala el—Zimaity, *et al*, "Isolation of Helicobacter pylori from Sheep: Implications for Transmission to Humans", *The American Journal of Gastroenterology*, Vol. 96, No. 5 (2001): 1396—1401.

Dore, Maria P., Dino Varia, "Sheep Rearing and Helicobacter pylori Infection: An Epidemiological Model of Anthropozoonosis", *Digestive and Liver Disease*, Vol. 35, No. 1 (2003): 7—9.

Durand, Jean—Marie, *Archives Épistolaires de Mari I/1*, Archives Royales de Mari XXVI, Paris: Editions Recerche sur les Divilisations (1988).

Evans A., Miles Markus *et al.*, "Late Stone Age Coprolite Reveals Evidence of Prehistoric Parasitism", *South African Medical Journal = Suid-Afrikaanse Tydskrif vir Geneeskunde*, Vol. 86 (1996): 274—275.

Fagan, Brian, *The Rape of the Nile: Tomb Robbers, Tourists, and Archaeologists in Egypt*, Boulder: Westview Press (2004).

Friedman, Ira, John Marr, "The Exodus Syndemic: The Epidemiology of the Tenth Plague", *Jewish Bible Quarterly*, Vol. 45, No. 1 (2017): 3 + Gale Academic Onefile, https://link.gale.com/apps/doc/A519900079/AONE?u=anon~6406c4ab&sid=googleScholar&xid=177fa79b.

Galassi, Francesco Maria, Micheal E. Habicht, Elena Varotto, Cicero Moraes, "FAPAB KV 55 Akhenaton", *FAPAB Research Center Media Release*, March 2021 Issue (2021): 1—12, Academia, https://www.academia.edu/45428522/FAPAB_KV_55_Akhenaton_media_release_March_8th_2021.

Gardiner, Alan H., *Egyptian Grammar: Being an Introduction to the Study of Hieroglyphs*, London: Oxford University Press (1957).

Geller, Markham J., *Ancient Babylonian Medicine: Theory and Practice*, West Sussex: Wiley—Blackwell (2015).

Georgiou, Hara, "Relations between Cyprus and the Near East in the Middle and Late Bronze Age", *Levant: The Journal of the Council for British Research in the Levant*, Vol. 11, No. 1 (1979): 84—100.

Gerste, Ronald D., *Wie Krankheiten Geschichte machen: Von der Antike bis heute*, Stuttgart: Klett—Cotta (2019).

Goedicke, Hans, "The Canaanite Illness", *Studien zur Altägyptischen Kultur*, Festschrift Wolfgang Helck zu seinen 70. Gebrutstag, Vol. 11 (1984): 91—105.

Goldwasser, Orly, "King Apophis and the Emergence of Monotheism" in *Timelines: Studies in Honour of Manfred Bietak*, Vol. II, Ernst Czerny *et al* (eds.), Orientalia Lovaniensia Analecta 149/II, Leuven: Peeters (2006): 129—133.

Güterbock, Hans Gustav, "The Deeds of Suppiluliuma as Told by His Son, Mursili II", *Journal of Cuneiform Studies*, Vol. 10, No. 2 (1956a): 41—68.

_____, "The Deeds of Suppiluluiuma as Told by His Son, Mursili II (Continued)", *Journal of Cuneiform Studies*, Vol. 10 No. 3 (1956b): 75—98.

_____, "The Deeds of Suppiluluiuma as Told by His Son, Mursili II", *Journal of Cuneiform Studies*, Vol. 10, No. 4 (1956c): 107—130.

_____, "Some Aspects of Hittite Prayers" in *The Frontiers of Human Knowledge: Lectures at the Quincentenary Celebrations of Uppsala University, 1977*, Torgny T. Segerstedt (ed.), Uppsala: Uppsala University (1978): 125—139.

Habicht, Michael E., Abigail S. Bouwman, Frank J. Rühli, "Identifications of Ancient Egyptian Royal Mummies from the 18th Dynasty Reconsidered", *Yearbook of Physical Anthropology*, Vol. 159 (2016): 216—231. Wiley Online Library, DOI: 10.1002/ajpa.22909.

Hallo, William W., "The Royal Correspondence of Larsa: II. The Appeal to Utu" in *The World's Oldest Literature: Studies in Sumerian Belles-Lettres*, Leiden—Boston: Brill (2010): 353—368.

Hannig, Rainer, Ägyptische Wörterbuch II: Mittleres Reich und Zweite Zwischenzeit, Teil 1, Hannig—Lexica 5, Meinz: Verlag Philipp von Zabern (2006).

Halioua, Bruno, Bernard Ziskid, *Medicine in the Days of the Pharaohs*, M. B. DeBevoise (tr.), Cambridge: The Belknap Press of Harvard University Press (2005).

Harwood—Nash, Derek C. F., "Computed Tomography of Ancient Egyptian Mummies", *Journal of Computer Assisted Tomography*, Vol. 3, No. 6 (1979): 768—773.

Hawass, Zahi, Yehia Z. Gad, Somaia Ismail *et al.*, "Ancestry and Pathology in King Tutankhamun's Family", *Journal of American Medical Association*, Vol. 303, No. 7 (2010): 638—647.

Hedges Robert, Bryan A. Sykes, "The Extraction and Isolation of DNA from Archaeological Bone" in *Biological Anthropology and the Study of Ancient Egypt*, W. Vivian Davies & Roxie Walker (eds.), London: British Museum Press (1993): 98—103.

Heimpel, Wolfgang, *Letters to the King of Mari: A New Translation, with Historical Introduction, Notes and Commentary*, Winona Lake: Eisenbrauns (2003).

Helbing, Lennart, *Alashia Problems*, Studies in Mediterranean Archaeology 57, Göteborg: Paul Åström (1979).

Helck, Wolfgang, *Die Beziehungen Ägyptens zu Vorderasien im 3. und 2. Jahrtausend v. Chr.*, Wiesbaden: Harrassowitz Verlag (1962).

Hopkins, Donald R., "Ramses V: Earliest Known Victim", *World Health, 1980 May* (1980): 22—26. DOI: https://apps.who.int/iris/handle/10665/202495.

Houlihan, Patrick F., *The Animal World of the Pharaohs*, London: Thames & Hudson (1996).

Hoyte, H. M. Duncan, "The Plagues of Egypt: What Killed the Animals and the Firstborn?" *The Medical Journal of Australia*, Vol. 158 (1993): 706—708.

Ikram, Salima Ikram, Aidan Dodson, *The Mummy in Ancient Egypt: Equipping the Dead for Eternity*, New York: Thames & Hudson (1998).

Karlen, Arno, *Man and Microbes: Disease and Plagues in History and Modern Times*, New York: Simon & Schuster (1996).

Kemp, Berry, *The City of Akhenaten and Nefertiti: Amarna and Its People*, London: Thames & Hudson (2012).

Kuhrt, Amélie, *The Ancient Near East, c. 3000-330 BC: Volume 1*, New York: Routledge (1995).

Lambert—Zazulak, Patricia, "The International Ancient Egyptian Mummy Tissue Bank at the Manchester Museum", *Antiquity*, Vol. 74, No. 283 (2000): 44—48.

Lee, Jeffrey A., "Explaining the Plagues of Egypt", *The Skeptical Inquirer*, Vol. 28,

No. 6 (2004): 52−54.

Leitz, Christian, *Tagewählerei: Das Buch HAt nHH pH.wy Dt und verwandte Texte*, Wiesbaden: Harrassowitz Verlag (1994).

Liverani, Mario, "The Great Powers' Club" in *Amarna Diplomacy: The Beginnings of International Relations*, Raymond Cohen & Raymond Westbrook (eds.), Baltimore−London: The Johns Hopkins University Press (2000): 15−27.

Marr, John S., Cutis D. Malloy, "An Epidemiological Analysis of the Ten Plagues of Egypt", *Caduceus*, Vol. 12, No. 1 (1996): 7−24.

Martin−Serradilla, Jose I., Angel L. Guerrero−Peral, Elena Laherran, "Was the 'Hittite Plague' an Epidemic of Tularemia?" *Medical Hypotheses*, Vol. 71, No. 1 (2008): 154−155.

Matheson, Carney D., Rosalie David, Mark Spigelman, Helen D. Donoghue, "Molecular Confirmation of *Schistsoma* and Family Relationship in two Ancient Egyptian Mummies", *Yearbook of Mummy Studies*, Vol. 2 (2014): 39−47.

McMichael, Tony, *Human Frontiers, Environments and Disease: Past Patterns, Uncertain Futures*, Cambridge: Cambridge University Press (2001).

McNeil, William H., *Plagues and Peoples*, Garden City: Anchor Books (1976).

Midant−Reynes, Béatrix, "The Naqada Period" in *The Oxford History of Ancient Egypt*, Ian Shaw (ed.), Oxford: Oxford University Press (2000): 44−60.

Mieroop, Marc Van De, *A History of the Ancient Near East, ca. 3000-323 BC*, Oxford−Malden: Blackwell Publishing (2004).

_____, *A History of Ancient Egypt*, Oxford−Malden: Wiley−Blackwell (2011).

Miller, Robert L., Salima Ikram, George J. Armelagos, Roxie Walker *et al.*, "Diagnosis of *Plasmodium falciparum* Infections in Mummies Using the Rapid Manual *Para*Sight™−F Test", *Transactions of the Royal Society of Tropical Medicine and Hygiene*, Vol. 88, No. 1 (1994): 31−32.

Monge, Janet M., Frank J. Rühli, "Anatomy of the Mummy: *Mortui Viventes Docent* − When Ancient Mummies Speak to Modern Doctors", *The Anatomical Record*, Vol. 298 (2015): 935−940.

Moran, William L., *The Amarna Letters*, Baltimore−London: Johns Hopkins University Press (1992).

Morse, Dan, Don R. Brothwell, Peter J. Ucko, "Tuberculosis in Ancient Egypt", *American Review of Respiratory Disease*, Vol. 90 (1964): 524-541.

Mortlock, Stephen, "The Ten Plagues of Egypt", *The Biomedical Scientist*, January 2019 Issue (2019): 18-22. Reactive Media Group, https:// thebiomedicalscientist.net/science/ten-plagues-egypt.

Nerlich, Andreas G., Bettina Schraut, Sabine Dittrich, Thomas Jelinek, Albert R. Zink, "*Plasmodium falciparum* in Ancient Egypt", *Emerging and Infectious Disease*, Vol. 14, No. 8 (2008): 1317-1319.

Nikiforuk, Andrew, *Pandemonium: Bird Flu, Mad Cow Disease, and Other Biological Plagues of the 21st Century*, Toronto: Penguin Random House Canada (2006).

Nunn, John F., *Ancient Egyptian Medicine*, Norman: University of Oklahoma Press (1996).

Pääbo, Svante, "Molecular Cloning of Ancient Egyptian Mummy DNA", *Nature*, Vol. 314 (1985): 644-645.

_____, "Preservation of DNA in Ancient Egyptian Mummies", *Journal of Archeological Science*, Vol. 12 (1985): 411-417.

Panagiotakopulu, Eva, "Fleas from Pharaonic Amarna", *Antiquity*, No. 75 (2001): 499-500.

_____, "Pharaonic Egypt and the Origins of Plague", *Journal of Biogeography*, Vol. 31, No. 2 (2004): 269-275.

Piepenbrink, Kurt H., Jens Frahm, Axel Haase, Dieter Matthael, "Nuclear Magnetic Resonance Imaging of Mummified Corpses", *American Journal of Physical Anthropology*, Vol. 70, No. 1 (1986): 27-28.

Quammen, David, *Spillover: Animal Infections and the Next Human Pandemic*, New York: W. W. Norton & Co. (2013).

Rainey ZL, Anson F., *The El-Amarna Correspondence: A New Edition of the Cuneiform Letters from the Site of El-Amarna Based on Collations of All Extant Tables*, Vol. 1, William Schniedewind and Zipora Cochavi-Rainy (eds.), Handbuch der Orientalistik, Vol. 110, London-Boston: Brill (2015).

Raven, Maarten J., "Charms for Protection during the Epagomenal Days" in *Essays on Ancient Egypt in Honour of Herman te Velde*, Egyptological Memoirs 1, Groningen: STYX (1997): 275-279.

Redford, Donald B., *Akhenaten: The Heretic King*, Princeton: Princeton University Press (1984).

Reeves, Nicholas, *Ancient Egypt: The Great Discoveries - A Year-by-Year Chronicle*, New York: Thames & Hudson (2000).

_____, *The Complete Tutankhamun: The King · The Tomb · The Royal Treasure*, London: Thames & Hudson (1990).

Rifkin, Jeremy, *Beyond Beef: The Rise and Fall of the Cattle Culture*, New York: Dutton Books (1993).

Ritner, Robert K., "Innovations and Adaptations in Ancient Egyptian Medicine", *Journal of Near Eastern Studies*, Vol. 59, No. 2 (2000): 353–356.

Roaf, Michael, *Cultural Atlas of Mesopotamia and the Near East*, New York: Fact On File, Inc. (1990).

Roberts, Alice, *Tamed: Ten Species That Changed Our World*, London: Hutchinson (2017).

Rumbaut, Ruben, "The Great Pox: The French Disease in Renaissance Europe", *Journal of American Medical Association*, Vol. 278, No. 5 (1997): 440.

Sanders, Paul, "*Argumenta ad Deum* in the Plague Prayers of Mursili II and in the Book of Psalms" in *Psalms and Prayers: Papers Read at the Joint Meeting of the Society for Old Testament and Het Out Testamentisch Werkgezelschap in Nederland en België, Apeldoorn August 2006*, Oudtestmentische Studiën, Vol. 55, Eric Peels & Bob Becking (eds.), Leiden–Boston: Brill (2007): 181–217.

Sandison, A. T., "The Histological Examination of Mummified Material", *Stain Technology*, Vol. 30 (1955): 277–283.

Scott, James C., *Against the Grain: A Deep History of the Earliest States*, New Haven: Yale University Press (2017).

Schulman, Alan R., "cAnkhesenamūn, Nofretity, and the Amka Affair", *Journal of the American Research Center in Egypt*, Vol. 15 (1978): 43–49.

Shanks, G. Dennis, Simon I. Hay, David J. Bradely, "Malaria's Indirect Contributions to All–Cause Mortality in the Andaman Islands during the Colonial Era", *The Lancet Infectious Disease*, Vol. 8, No. 9 (2008): 564–570.

Shirun–Grumach, Irene, "Bedeutet 'in der Hand des Gottes' Gottesfurcht?" in *Studies in Egyptology Presented to Miriam Lichtheim*, Vol. 2, Sarah Israelit–Groll (ed.), Jerusalem: Magnes Press, the Hebrew University (1990): 836−852.

Singer, Graciela Gestoso, "Beyond Amarna: The "Hand of Nergal" and the Plague in the Levant, *Ugarit Forschungen*, Vol. 48 (2017): 223−247.

Singer, Itamar, *Hittite Prayers*, Writings from the Ancient World, Vol. 11, Harry A. Hoffner, Jr. (ed.), Georgia: Society of Biblical Literature (2002).

Smith, Nicole E., *The Paleoepidemiology of Malaria in the Ancient Near East*, PhD Dissertation, Fayetteville: University of Arkansas (2015). ScholarWorks@ UARK: http://scholarworks.uark.edu/etd.

Tapp, Edmund, "The Unwrapping of a Mummy" in *Manchester Museum Mummy Project: Multidisciplinary Research on Ancient Egyptian Mummied Remains*, Ann Rosalie David (ed.), Manchester: Manchester Museum (1979): 83−93.

Teixidor, Javier, "The Phoenician Inscriptions of the Cesnola Collection", *Metropolitan Museum Journal*, Vol. 11 (1976): 55−77.

Terry, E. Fuller, Robert H. Yolken, *Beasts of the Earth: Animals, Humans, and Disease*, New Jersey: Rutgers University Press (2005).

Timmann, Christian, Christian G. Meyer, "King Tutankhamun's Family and Demise", *Journal of American Medical Association*, Vol. 303, No. 24 (2010): 2473−2475.

Trevisanato, Siro Igino, *The Plagues of Egypt*, New Haven: Gorgias Press LLC (2005).

_____, "Treatments for Burns in the London Medical Papyrus Show the First Seven Biblical Plagues of Egypt Are Coherent with Santorini's Volcanic Fallout", *Medical Hypotheses*, Vol. 66 (2006): 193−196.

_____, "The Biblical Plague of the Philistines Now Has A Name, Tularemia", *Medical Hypotheses*, Vol. 69 (2007a): 1144−1146.

_____, "The 'Hittite Plague,' An Epidemic of Tularemia and the First Record of Biological Warfare", *Medical Hypotheses*, Vol. 69 (2007b): 1371−1374.

Tyldesley, Joyce A., *Nefertiti: Unlocking the Mystery Surrounding Egypt's Most Famous and Beautiful Queen*, London: Penguin Books (1999).

Wagner, David M., Jennifer Klunk, Michaela Harbeck, *et al*, "*Yersinia pestis* and the Plague of Justinian 541−543 AD: A Genomic Analysis", *The Lancet: Infectious Disease*, Vol. 14, No. 4 (2014): 319−326.

Wente, Edward F., *Letters from Ancient Egypt*, SBL Writings from the Ancient World Series, Atlanta: Scholars Press (1990).

Wilkinson, Richard H., *The Complete Gods and Goddesses of Ancient Egypt*, London: Thames & Hudson (2003)

Williams, Gareth, *Angel of Death: The Story of Smallpox*, London: Palgrave Macmillan (2010).

Wilson, J. V. Kinnier, Edward H. Reynolds, "Translation and Analysis of a Cuneiform Text Forming Part of a Babylonian Treatise on Epilepsy", *Medical History*, Vol. 34 (1990): 185−198.

Winegard, Timothy C., *The Mosquito: A Human History of Our Deadliest Predator*, New York: Dutton (2020).

Winters, Adam, *Syphilis*, New York: Rosen Publishing Group (2006).

Wrangham, Richard, *Catching Fire: How Cooking Made Us Human*, New York: Basic Books (2009).

Wright, Jennifer, *Get Well Soon: History's Worst Plagues and the Heroes Who Fought Them*, New York: Henry Holt & Co. (2017).

Zakrzewski, Sonia, Andrew Shortland, Joanne Rowland, *Science in the Study of Ancient Egypt*, Routledge Studies in Egyptology 3, New York: Routledge (2016).

Zeuner, Frederick E., *A History of Domesticated Animals*, London: Hutchinson (1963).

Zimmer, Carl, *A Planet of Viruses*, Chicago: University of Chicago Press (2011).

고대 중근동의 팬데믹

문명의 어두운 동반자

초판 발행 2024년 2월 25일
초판 2쇄 2025년 1월 15일

저 자 유성환
펴 낸 이 김성배
펴 낸 곳 도서출판 씨아이알

책임편집 박은지
디 자 인 윤현경 엄해정
제작책임 김문갑

등록번호 제2-3285호
등 록 일 2001년 3월 19일
주 소 (04626) 서울특별시 중구 필동로 8길 43(예장동 1-151)
전화번호 02-2275-8603(대표)
팩스번호 02-2265-9394
홈페이지 www.circom.co.kr

I S B N 979-11-6856-194-6 93300